Kräuter

Pflanzen, ernten & genießen

compact via ist ein Imprint der Compact Verlag GmbH

© 2012 Compact Verlag GmbH München

Text: Jana Treber (S. 3–48)
Chefredaktion: Evelyn Boos
Redaktion: Lea Hoy
Produktion: Johannes Buchmann
Titelabbildungen: StockFood (u.), iStockphoto.com/edoneil (o. li. u. U4), fotolia.com/silencefoto (o. re. u. U4)
Layout: h3a GmbH, München
Umschlaggestaltung: h3a GmbH, München

ISBN 978-3-8174-9204-6
381749204/1

Besuchen Sie uns im Internet: www.compact-via.de

Vorwort

Frische Kräuter aus eigener Anzucht? Das muss nicht länger ein Wunschtraum bleiben. Denn ein Kräutergarten braucht gar nicht so viel Platz. Auch bei der Pflege sind die meisten Kräuter sehr genügsam. Gute Gründe, an einen eigenen Kräutergarten zu denken. So haben Sie immer frische Kräuter im Haus, ohne sie erst im Supermarkt kaufen zu müssen. Auch einen kleinen Wintervorrat können Sie sich durch Trocknen und Einfrieren der Kräuter anlegen.

Haben Sie nur wenig Platz, stellen Sie einige Kräutertöpfe auf den Balkon. Auch in einem Kräuterkasten können Sie verschiedene Kräuter züchten. Bei einem eigenen Garten haben Sie mehr Möglichkeiten. Hier können Sie einige Kräuterbeete anlegen, ein Hochbeet bauen oder sich an einer Kräuterspirale versuchen. Es macht Spaß, die verschiedenen Kräuter anzupflanzen, ihnen beim Wachsen zuzuschauen und den eigenen Speiseplan durch frische Kräuter zu ergänzen.

Durch Kräuter wird jedes Gericht schmackhafter. Zudem können Sie, wenn Sie mit frischen Kräutern würzen, Salz einsparen, und damit Herz- und Kreislauferkrankungen vorbeugen. Außerdem leisten Kräuter mit ihrem hohen Vitamin- und Mineralstoffgehalt einen wichtigen Beitrag zur gesunden Ernährung. Damit die wertvollen Inhaltsstoffe erhalten bleiben, sollten Kräuter im Allgemeinen frisch verwendet und nicht allzu stark erhitzt werden. Am besten werden sie erst kurz vor dem Garen dazugegeben.

Auch ohne eigenen Garten müssen Sie nicht auf die geschmackliche Vielfalt verzichten. Selbst auf den kleinsten Balkon passen einige Kräutertöpfe und -kästen, in denen sich die gängigsten Kräuter anbauen lassen. Achten Sie auf genügend Licht, Sonne und Wasser und die Kräuter werden es Ihnen mit gesundem Wachstum danken. Pflanzen Sie Petersilie, Schnittlauch und Co. und verfeinern Sie Ihre Speisen demnächst mit frischen Kräutern aus eigener Anzucht. Die feinen Rezepte im letzten Kapitel zeigen Ihnen eine Auswahl an würzigen Kräutergerichten.

Kräuter aus dem Garten und vom Balkon

Kräuteranzucht im Garten

Wer seine Kräuter künftig frisch aus dem eigenen Garten ernten möchte, sollte zunächst einige grundsätzliche Überlegungen anstellen. Wo ist der beste Standort für meine Kräuter? Wie teile ich die Beete ein? Wäre ein Hochbeet für meinen Garten geeignet? Auf all diese Fragen wird in dem folgenden Kapitel eingegangen.

Auf den Standort kommt es an

Den Standort für Ihren Kräutergarten können Sie völlig frei wählen. Haben Sie einen großen Garten, nutzen Sie am besten eine Fläche nahe beim Haus. So müssen Sie nur kurze Strecken zurücklegen, wenn Sie frische Kräuter beim Kochen verwenden möchten. Bei einem kleineren Garten können Sie Ihr Kräuterbeet auch entlang des Gartenzauns oder am Wegesrand anlegen. Kombinieren Sie verschiedene Pflanzen miteinander und schaffen Sie sich so eine frische Kräuteroase.

Bevor Sie Ihren Kräutergarten anlegen, sollten Sie Ihren Garten in Ruhe anschauen und auf mögliche Standorte für Ihr Kräuterbeet überprüfen. Haben Sie sich für einen Platz entschieden, stecken Sie diesen direkt im Garten ab. Denken Sie auch daran, eine kleine Reservefläche nebenan freizulassen, falls Sie Ihren Kräutergarten erweitern möchten. Ist das nicht möglich, können Sie später auch einige Kräuter an der Grundstücksgrenze oder an Wegen anpflanzen.

Kräuter mögen es warm

Die Flächen, auf denen Sie künftig Ihre Kräuter anbauen wollen, sollten möglichst gut besonnt sein. Achten Sie darauf, dass der Kräutergarten windgeschützt liegt. Ist das nicht ausreichend möglich, pflanzen Sie als Schutz um die Kräuterflächen eine windundurchlässige Hecke oder einen dichten Zaun. Flächen, die den ganzen Tag im Schatten liegen, sind für den Anbau von Kräutern nicht geeignet. Zwar gibt es auch Kräuter, die noch im Halbschatten gedeihen, die meisten jedoch bevorzugen Sonne.

Die Einteilung der Beete

Überlegen Sie zunächst, welche Kräuter Sie anpflanzen möchten. Danach richtet sich dann die Größe Ihres Kräuterbeets. Haben Sie einen großen

Garten, können Sie natürlich auch mehrere Kräuterbeete anlegen, wichtig ist nur, dass Sie auch genügend Zeit für die Pflege haben. Wenn die Gartenarbeit in Last statt Lust ausartet, macht Ihnen der schönste Kräutergarten keinen Spaß mehr.

Bevor Sie Ihre Beete im Garten einteilen, nehmen Sie sich ein Blatt Papier zur Hand und zeichnen Sie die Größe des Gartenanteils auf, den Sie für einen Kräutergarten verwenden möchten. Dann teilen Sie den Grundriss in einzelne Beete ein. Damit Sie die für Sie optimale Breite herausfinden, gehen Sie in die Hocke und strecken Sie Ihre Hände so weit aus, dass es für Sie noch bequem ist. Markieren Sie hier mit einem Gegenstand die Stelle, die Sie noch gut erreichen. Den Abstand messen Sie von Ihren Fußspitzen bis zur Markierung. Nehmen Sie dann die doppelte Breite und schon haben Sie Ihre ideale Beetbreite. So können Sie von beiden Seiten bequem die Beetmitte erreichen. Generell spricht man von einer Beetbreite von rund 1,20 m.

Ordnen Sie die Kräuter am besten der Größe nach. Kleinere Pflanzen wie Petersilie, Basilikum oder Kresse setzen Sie an die Südseite des Beetes, größere wie Borretsch oder Dill an die Nordseite. Die kleineren Kräuterarten eignen sich zudem gut als Randbepflanzung. In der Mitte des Beetes platzieren Sie dann die größeren Sorten. So kommen Sie bequem an jede Pflanze heran, ohne sich abzumühen. Zudem bekommen die Kräuter auf diese Weise genügend Sonne und Licht.

Wege anlegen

Bei mehreren Beeten ist es ratsam, Trittwege zwischen den Beeten anzulegen. Sie sollten ca. 30 cm breit sein und können mit Gehwegplatten oder auch Rindenmulch befestigt sein.

Hilfreiche Kräuter

Einige Kräuter erfüllen außerhalb des Kräuterbeetes wichtige Aufgaben. Haben Sie Rosen in Ihrem Garten, pflanzen Sie Lavendel dazwischen. Das schützt die Rosen vor Blattläusen. Auch die Kapuzinerkresse ist vielseitig einsetzbar. An Obstbäumen und Sträuchern gepflanzt, sorgt sie dafür, dass Blattläuse von diesen fernbleiben.

**Lavendel neben Rosen gepflanzt –
so haben Blattläuse keine Chance.**

Gute Nachbarn, schlechte Nachbarn

Nicht alle Pflanzenarten vertragen sich miteinander. So wird bei Kräutern zwischen selbstverträglichen und selbstunverträglichen Pflanzen unterschieden. Damit ist gemeint, dass eine Kräutersorte oder eine Gemüseart, die nach sich selbst angebaut wird, schlechter wächst und

Nachbarn im Kräuterkasten
- Basilikum verträgt sich nicht mit Dill und Majoran, verträgt sich gut mit Fenchel.
- Borretsch verträgt sich nicht mit Petersilie.
- Dill ist nicht selbstverträglich, verträgt sich nicht mit Kresse und Estragon.
- Estragon verträgt sich nicht mit Dill und Petersilie.
- Kerbel verträgt sich nicht mit Petersilie.
- Kresse verträgt sich nicht mit Kerbel und Petersilie.
- Liebstöckel hemmt fast alle bekannten Pflanzen und sollte daher alleine stehen.
- Majoran ist nicht selbstverträglich, verträgt sich nicht mit Basilikum, Pfefferminze und Thymian.
- Petersilie verträgt sich nicht mit Borretsch, Estragon, Kresse, Kerbel.
- Pfefferminze muss jedes Jahr neu gesät werden, verträgt sich nicht mit Petersilie.
- Salbei verträgt sich mit allen Pflanzen.
- Schnittlauch verträgt sich mit Dill und Petersilie.
- Thymian ist nicht selbstverträglich.

auch weniger Erträge bringt. Auch im Beet oder Balkonkasten mag nicht jedes Kraut neben dem anderen stehen. Petersilie ist hier recht heikel. Wechseln Sie am besten jährlich die Erde, damit Sie sich um die Unverträglichkeit keine Gedanken machen müssen.

Fruchtfolge
Fruchtfolge bezeichnet den aufeinanderfolgenden Anbau von Kräuter- und Gemüsearten auf der gleichen Fläche. Mit Fruchtwechsel ist der Wechsel einer bestimmten Kräutersorte oder Gemüseart mit einer anderen auf der gleichen Fläche gemeint. Manchmal werden die Begriffe Fruchtfolge und Fruchtwechsel auch synonym verwendet.

Anlegen einer Kräuterschnecke

Selbst bei wenig Platz im Garten müssen Sie nicht auf frische Kräuter verzichten. Mit einer Kräuterschnecke haben Sie immer aromatische Kräuter zur Hand. Dazu brauchen Sie im Allgemeinen nur eine Grundfläche von 2 bis 3 m². Natürlich können Sie die Kräuterschnecke auch größer bauen, wenn Sie mehr Platz zur Verfügung haben. Am besten bauen Sie Ihre Kräuterschnecke dorthin, wo die Kräuter viel Licht und Wärme bekommen. Die ideale Zeit für das Anlegen Ihrer Kräuterschnecke ist das Frühjahr.

Eine Kräuterschnecke ist ein dekorativer Blickfang im Garten.

Das Besondere an einer Kräuterschnecke ist, dass hier mehrere verschiedene Pflanzen auf kleinstem Raum wachsen. Auch unterschiedliche Klimazonen werden hier beachtet. Insgesamt umfasst die Kräuterschnecke vier Bereiche. Ganz unten befindet sich der Teich, an dem feuchtigkeitsliebende Kräuter wie Brunnenkresse, Minze und Zitronenmelisse gedeihen. Das Wasser speichert die Wärme und reflektiert zusätzlich. Daran schließt sich die Feuchtzone an. Hier ist es warm und feucht, der humusreiche Boden bietet beste Bedingungen für Schnittlauch, Petersilie, Dill und Kerbel. Die dritte Zone besteht aus trockenem, humosen Boden. Hier finden Kräuter wie etwa Kamille, Koriander und Kümmel ihren Platz. Die vierte Zone ist für die Mittelmeerkräuter Rosmarin, Thymian, Oregano und Majoran reserviert.

Grundriss abstecken

Stecken Sie als Erstes den Platz für die Kräuterschnecke mit Stäben oder Pfählen und einer Gartenschnur in Form eines Schneckenhauses ab. Mit dem Spaten stechen Sie die Form dann etwa spatentief aus. Die Öffnung der Spirale sollte nach Süden ausgerichtet sein. Heben Sie den Boden für den Teichbereich rund 40 cm tief am Fuße der Spirale aus. Die Grundform umranden Sie mit Natursteinen.

Fundament bauen

Die Basis bildet eine etwa 10 cm dicke Schicht aus Kies oder Schotter. So bekommt die Mauer ein gutes Fundament, gleichzeitig wird spätere Staunässe verhindert. Das ausgestochene Beet wird nun mit Klinkern oder Natursteinen umrandet. Die Steine sollten mindestens faustgroß sein. Das so entstandene Beet wird nun mit Erde gefüllt, wobei in der untersten Schicht etwas Kompost mit beigemengt werden darf.

Windungen formen

Nun werden die Windungen in die Spirale eingebaut. Dort, wo Sie weitere Natursteine oder Klinker einsetzen wollen, drücken Sie die Erde zunächst fest und legen Sie dann eine weitere Windung an. Achten Sie darauf, dass der Abstand zwischen den Mauern zwischen 60 bis 80 cm beträgt. Damit Sie verschieden hohe Ebenen erhalten, schichten Sie die Steine zur Mitte hin immer höher auf.

Zwischenräume auffüllen

Die Zwischenräume zwischen den Windungen werden mit Erde aufgefüllt. Verwenden Sie aber keine gebräuchliche Gartenerde, sondern mischen Sie Erde, Sand und etwas Kompost. Da die vier verschiedenen Feuchtigkeitsbereiche unterschiedliche Mischungen benötigen, müssen Sie diese einzeln anmischen. Die oberste Zone ist trocken. Hier nehmen Sie zur Hälfte Gartenerde und zur Hälfte Sand. Wenn die Erde stark lehmig ist, setzen Sie etwas Kalk zu. Je weiter Sie in der Spirale nach unten kommen, desto mehr nimmt der Anteil an Sand ab. Stattdessen werden der Gartenerde humusreiche Erde und Kompost beigemischt. Am Teich unten besteht das Mischungsverhältnis tatsächlich dann nur noch aus Gartenerde und Kompost.

Teich anlegen

Am Schluss wird der Teich ganz unten an der Kräuterspirale angelegt. Nehmen Sie entweder Teichfolie oder benutzen Sie einen entsprechend großen Fertigteich aus dem Gartencenter oder Baumarkt. Füllen Sie Wasser ein und befestigen Sie den Rand der Folie mit faustgroßen Steinen. So sieht der Übergang sehr harmonisch aus und der Folienrand wird kaschiert. Durch den Teich erhalten Sie auf einfache Weise ein Mikroklima, das Ihre Kräuter besser gedeihen lässt. Zudem finden Kräuter, die in feuchtem Boden besser gedeihen, wie Minze und Zitronenmelisse, hier ihren optimalen Platz.

Bepflanzen der Kräuterschnecke

Nach dem Bau der Kräuterschnecke sollten Sie diese nicht gleich bepflanzen. Lassen Sie die Erde sich erst etwas setzen, bevor Sie Kräuter anpflanzen. Die ideale Pflanzzeit ist im Frühjahr. Setzen Sie die Kräuter entsprechend ihrer Standortbedürfnisse ein und erfreuen Sie sich an ihrem Wachstum. Im oberen trockenen Bereich gedeihen Rosmarin, Lavendel, Majoran und Thymian. Für die nächste Ebene sind Estragon, Borretsch, Petersilie und Schnittlauch geeignet. Im unteren Bereich wachsen Dill und Liebstöckel. Für die Uferzone des Teiches eignen sich Pfefferminze und Brunnenkresse.

Bau eines Hochbeetes

Besonders ältere Menschen werden ein Hochbeet zu schätzen wissen. Doch nicht nur im Alter hat ein Hochbeet viele Vorteile. Da es in Tischhöhe

Ein Hochbeet erleichtert die Arbeit im Garten.

angelegt wird, muss man sich hier nicht bücken und schont somit Knie und Rücken. Ein weiterer Vorteil: Die Kräuter werden schneller reif, da das Hochbeet von der höheren Bodentemperatur profitiert. So können Sie früher ernten und damit auch öfter säen und pflanzen.

So bauen Sie ein Hochbeet

Suchen Sie sich einen Platz im Garten aus, an dem die Kräuter genügend Licht und Sonne bekommen. Das Hochbeet sollte nicht im Schatten liegen. Legen Sie das Hochbeet am besten im Frühjahr an und richten Sie es in Nord-Süd-Richtung aus. Meistens hat ein Hochbeet eine rechteckige Form. Es ist rund 1,20 m breit und zwischen 70 und 80 cm hoch. Bauen Sie das Hochbeet immer entsprechend Ihrer Körpergröße, damit Sie später bequem säen und ernten können. Zu Beginn heben Sie den Boden gut 20 bis 30 cm tief aus. Unter der ersten Schicht verlegen Sie feinen Maschendraht, um das Beet vor Wühlmäusen zu schützen. Das eigentliche Hochbeet besteht aus drei Ebenen. Die erste Ebene besteht aus grobem Baum- und Strauchschnitt. Darauf wird eine zweite Schicht gelegt, die aus Laub, Grünabfällen und klein gehäckseltem Strauchschnitt besteht. Die dritte Ebene setzt sich aus Garten- oder Blumenerde zusammen. Damit sich die einzelnen Schichten voneinander abgrenzen können, setzen Sie auf die unterste Schicht einige Grassoden. Das sind ausgestochene Grasnarben, die Sie erhalten, wenn Sie ein Beet neu anlegen. Das Gras zeigt hierbei

Im ersten Jahr sollten Starkzehrer wie Tomaten im Hochbeet angepflanzt werden.

nach oben. Planen Sie die einzelnen Schichten so hoch ein, dass Sie mit der dritten Schicht die endgültige Höhe des Hochbeetes erreichen.

Pflanzfolge für das Hochbeet

Da frisch angelegte Hochbeete beste Nährstoffe für die Pflanzen bieten, sind sie in den ersten Jahren für den Anbau von Starkzehrern wie Gurken, Tomaten und Lauch geeignet. Sie können Kräuter zusammen mit Gemüse anbauen, wobei diese voneinander profitieren. Nach etwa fünf Jahren sollten Sie das Hochbeet neu aufschichten.

Pflanzfolge in den ersten vier Jahren

Im ersten Jahr: Tomaten, Gurken, Zuckererbsen, Basilikum, Schnittlauch
Im zweiten Jahr: Thymian, Majoran, Lavendel
Im dritten Jahr: Blumenkohl, Salat, Rosmarin
Im vierten Jahr: Lauch, Karotten, Petersilie

Kräuteranzucht auf dem Balkon

Wer einen Garten hat, kann dort immer frische Kräuter anbauen. Doch auch mit einem Balkon müssen Sie nicht auf die Würz- und Heilkräfte aus der Natur verzichten. Selbst auf dem kleinsten Balkon ist Platz für einen Kräuterkasten, in dem Sie Petersilie, Schnittlauch und Co. anbauen können.

Kräuter in Topfkultur

Die meisten Kräuter können Sie in Töpfen ziehen, wenn sie nicht zu groß sind und zu tief wurzeln. Wollen Sie die Kräuter nicht selbst aussäen, können Sie sich gleich die Jungpflanzen beim Gärtner holen und sie ab Mai direkt an ihren angedachten Standort pflanzen.

Die meisten mediterranen Kräuter sind an Trockenheit und Hitze angepasst und eignen sich sehr gut für die Kultur in Kübeln, Kästen und Töpfen. Minze allerdings gehört nicht dazu. Sie möchte in humoser Erde und mit genügend Bewegungsfreiheit aufwachsen und ist nicht für die Topfkultur geeignet. Haben Sie jedoch größere Kübel, können Sie es durchaus probieren, Minze darin zu ziehen. Nach spätestens drei Jahren sollten Sie sie dann allerdings in frische Erde pflanzen.

Wenn Sie lange Freude an Ihren Kräutertöpfen haben möchten, sollten Sie einige Empfehlungen beachten. Wählen Sie nicht zu kleine Töpfe. Auch wenn Sie nur einen kleinen Balkon haben, entscheiden Sie sich besser für weniger Kräutersorten, aber größere Töpfe. Nur der Thymian bildet hier eine Ausnahme. Ihm genügen kleine Töpfe oder sogar ein Balkonkasten.

Achten Sie bei der Zusammenstellung der Kräuterkästen darauf, ob sich die Pflanzen miteinander vertragen (s. S. 8).

Wenn Sie gerne Terrakotta-Töpfe oder -Kästen nutzen wollen, sollten Sie bedenken, dass sie den Winter oft nicht überstehen. Entscheiden Sie sich bei Terrakotta für Qualitätsware, die Sie dann auch problemlos im Winter ins Haus stellen und im Frühjahr wieder ins Freie tragen können. Es gibt auch Blumentöpfe auf Rollen, die den Transport erleichtern.

Bei der Topfkultur ist es wichtig, dass die Pflanzen keine Staunässe aushalten müssen. Legen Sie deshalb einige Tonscherben ganz unten in den Topf. Füllen Sie dann ein Substrat ein, das aus Lehm, grobem Sand und Kompost besteht. Die meisten Topfkräuter fühlen sich in diesem Gemisch wohl. Von März bis Juni geben Sie zusätzliche Nährstoffe, danach stellen Sie die Düngung ein. So können die Pflanzen rechtzeitig vor dem Winter ihr Wachstum abschließen und in die Winterruhe gehen.

Standort

Ein Balkon, der eher schattig als sonnig ist, eignet sich für Petersilie, Minze und Kerbel, während es die anderen Kräuter doch eher sonniger mögen. Meistens jedoch sind Kräuter in ihren Ansprüchen recht bescheiden und geben sich mit genügend Licht, Sonne und ausreichend Feuchtigkeit zufrieden.

ten bis Südwesten gelegen sind. Haben Sie einen Nordbalkon, müssen Sie dennoch nicht auf frische Kräuter verzichten, Sie sind nur in den Sorten etwas eingeschränkt. Doch Petersilie, Schnittlauch und Kerbel werden sich auch bei Ihnen wohlfühlen, wenn Sie sie gut pflegen und vor starkem Wind schützen.

Kräuter in Töpfen haben Sie zum Kochen immer schnell zur Hand, und sie sehen noch dazu schön aus.

Der Standort Ihres Kräuterkastens richtet sich nach der Himmelsrichtung. Bevor Sie die ersten Kräuter pflanzen, beobachten Sie Ihren Balkon einige Tage. Wie lange scheint dort die Sonne? Ist es sehr windig und werfen Hochhäuser oder große Bäume Schatten auf Ihren Balkon? Für einen guten Ertrag ist ein Südost- oder Südwestbalkon gut geeignet. Sehr wohl fühlen sich Kräuter auf Balkonen, die nach Osten bis Südosten oder Wes-

So trocknen Kräuterkästen nicht zu schnell aus

Damit die Erde in Kräuterkästen nicht zu schnell austrocknet, hat es sich bewährt, etwas losen Rindenmulch obenauf zu legen. Vor zu viel Wasserverlust schützt auch eine Schicht Kies oder Sand auf dem Boden des Kräuterkastens.

So wachsen und gedeihen Kräuter

Ihr Start als Kräutergärtner

Natürlich können Sie Kräuter auch im Super-markt um die Ecke kaufen, doch selbst ge-zogene Kräuter im Garten, auf dem Balkon oder auf der Fensterbank machen Freude und bringen Geschmack auf den Tisch. Mit Schnittlauch, Peter-silie und Co. geben Sie Ihren Speisen immer eine besondere Note.

Wenn Sie Ihr Kräuterbeet oder Ihre Kräuteran-zucht auf dem Balkon geplant haben, wissen Sie bereits, wie viel Platz Sie für Ihre Kräuter haben. Nun müssen Sie sich entscheiden, welche Kräuter Sie anbauen. Sicherlich möchten Sie klassische Kräuter wie Schnittlauch, Petersilie und Dill anpflanzen, aber auch mediterrane Kräuter wie Rosmarin, Salbei und Oregano sollten in Ihrer Küche nicht fehlen.

Bei der Anschaffung der Kräuter sollten Sie auf jeden Fall auf gute Qualität achten, denn wenn nur der Preis das ausschlaggebende Kriterium beim Kauf von Kräutern ist, kann der Ärger danach meist umso größer sein. Sparen Sie hier nicht am falschen Platz und kaufen Sie hochwer-tigen Samen. Denken Sie an das alte Sprichwort: „Wie die Saat, so die Ernte". Das gilt auch heute

noch. Aus gutem Saatgut bilden sich kräftige und schöne Pflanzen. Sie können in Ihrer nächst gele-genen Gärtnerei nach Kräutersamen fragen oder Sie nutzen die Möglichkeit, bequem über einen Garten-Versandhandel im Internet zu bestellen.

Samen kaufen

Beim Samenkauf sollten Sie im Wesentlichen auf drei Merkmale achten: Reinheit, Keimfähigkeit und Triebkraft. Die Reinheit bezeichnet den Grad der Verunreinigung des Saatgutes, die Keimfähig-keit die Anzahl der entwicklungsfähigen Samen und die Triebkraft ist die Fähigkeit des kleinen Keimlings, sich durch Sand und Erde hindurchzu-drücken. Je schneller ihm das gelingt, desto besser ist die Qualität des Samens.

Samenkauf ist Vertrauenssache, deshalb sollten Sie den Samenhändler sorgfältig auswählen. Denn auch die Lagerung entscheidet über die Qualität des Saatgutes. Bei schlechter Lagerung kann das Saatgut verderben, ohne dass es äußerlich sicht-bar ist. Die Keimfähigkeit geht verloren und die Saat wird nicht aufgehen.

Jungpflanzen ziehen

Samenfrische

Achten Sie immer auf das auf der Samenverpackung angegebene Haltbarkeitsdatum des Herstellers. Je länger die Zeit bis zum Ablauf des Datums dauert, desto frischer und keimfähiger sind die Samen.

Manchmal ist es sinnvoll, auf Jungpflanzen zurückzugreifen. Zwar sind diese etwas teurer als Samen, doch bei einigen Kräutern gelingt die Samenanzucht in unseren Breiten nicht immer. Bei Rosmarin, Thymian, Lavendel und Salbei empfiehlt sich beispielsweise der Kauf von Jungpflanzen. Auch Majoran und Liebstöckel sollten Sie bevorzugt als Jungpflanzen kaufen.

Keimschutzpackungen sind besser

Qualitativ hochwertiges Saatgut erhalten Sie in Gärtnereien, im Samenfachgeschäft oder in Gartencentern. Hier stehen Ihnen zusätzlich Fachleute mit Rat und Tat zur Seite. Zudem können Sie sich auf die Qualität der Waren verlassen. Ist eine Ware einmal nicht in Ordnung, haben Sie die Möglichkeit zu reklamieren. Nehmen Sie besser Samen in luftdichten Keimschutzpackungen, denn so erhalten Sie gute Qualität. Hier befindet sich in der Papiertüte ein mit Aluminium beschichteter Mantel aus Kunststofffolie, der die Feuchtigkeit abhält. Doch auch Samen aus angebrochenen Keimschutzpackungen sollten Sie nicht zu lange aufheben, da sie nach Anbruch nicht mehr vor Luft und Feuchtigkeit geschützt sind.

Vorkultivieren ist sinnvoll

Bei einigen Kräutern empfiehlt es sich vorzukultivieren. Das heißt, Sie drücken einige Samen in die Topferde, lassen sie keimen und pikieren später. Als Pikieren wird das Vereinzeln von zu dicht stehenden Sämlingen bezeichnet. Kräuter, die Sie vorkultivieren können, sind u. a. Basilikum, Kresse, Petersilie und Bohnenkraut. Nutzen Sie die warme Fensterbank, damit die Samen gut wachsen, und pflanzen Sie die kräftigen Jungpflanzen dann ab Mitte Mai, nach den Eisheiligen, ins Freie.

Aussaat auf der Fensterbank

Für die Aussaat auf der Fensterbank ist am besten ein helles und sonniges Südfenster geeignet. Stellen Sie die Sämlinge so nah wie möglich ans Fenster, damit sie genügend Licht erhalten. Stehen sie zu dunkel, wird der Erfolg nicht so wie erhofft.

Keine Hamsterkäufe

Kaufen Sie Samen nie auf Vorrat ein, sondern immer nur so viel, wie Sie auch tatsächlich benötigen.

Damit Sie ein günstiges Klima für die Sämlinge schaffen, decken Sie die Aussaatgefäße mit Zeitungen oder Glasscheiben ab. Als Alternative gibt es auch spezielle Anzuchtgewächshäuser für drinnen, in denen Sie Kräuter vorziehen können.

Kräuter lassen sich gut selbst in Töpfen aussäen.

Aussaattöpfe und Aussaaterde
Wenn Sie gebrauchte Töpfe und Kästen hierfür verwenden wollen, müssen Sie diese vor dem Säen gründlich reinigen; andernfalls könnten sich Krankheitserreger bilden. Bei der Aussaaterde richtet sich die Stärke der Erde nach dem Samenkorn. Sie können sich einfach die Grundregel merken: je feiner das Samenkorn, desto feiner die Aussaaterde.

Die richtige Pflege

Wenn Sie Ihr Kräuterbeet oder Ihren Kräuterkasten angelegt haben, beginnt die Zeit der Pflege. Auch hier gibt es wieder einiges zu beachten, damit die Aufzucht der Kräuter gelingt. Doch keine Angst, allzu viel Pflege brauchen die meisten Kräuter nicht. Viele sind bereits mit etwas Hacken und Gießen zufrieden. Doch auch über Düngergaben freuen sich einige. Lockern Sie regelmäßig den Boden auf und jäten Sie das Unkraut. Halten Sie den Boden feucht, sodass die Kräuter genügend Wasser bekommen, aber vermeiden Sie Staunässe.

Kräuter gießen

Ihre Kräuter brauchen Feuchtigkeit zum Wachsen. Allerdings mögen sie keine Staunässe. Gießen Sie daher regelmäßig, aber nicht zu viel. Die Mittelmeerkräuter wie Oregano, Rosmarin und Thymian brauchen Sie nur relativ sparsam zu gießen, da sie auch mit wenig Wasser auskommen. Basilikum und Estragon brauchen hingegen viel Wasser. Benutzen Sie abgestandenes Wasser, das Zimmertemperatur hat. Kaltes Wasser aus der Leitung mögen die meisten Kräuter nicht.

Kräuter düngen

Werden Kräuter gedüngt, können sie besser wachsen. So denken auch heute noch viele Gärtner. Doch das ist nur bedingt richtig. Wird nämlich die Düngung nach dem Nährstoffbedarf der Pflanzen bemessen, ist das zwar einfach, bringt aber kein befriedigendes Ergebnis. Bei dieser Art der Berechnung werden die im Boden enthaltenen Nährstoffe nicht mit einbezogen. Wird also auf diese Art und Weise gedüngt, kommt es zumeist zu einer Überversorgung der Pflanzen. Das schadet nicht nur den Pflanzen selbst, sondern auch der Umwelt. Wenn Sie sachgerecht düngen wollen, sollten Sie eine Bodenuntersuchung vornehmen. Düngen Sie am besten, bevor Sie die Kräuter pflanzen, und bereiten Sie die Erde entsprechend vor. Da Sie die Kräuter verzehren möchten, sollten Sie keine chemischen Düngemittel während der Wuchsperiode verwenden.

Bodenprobe entnehmen

Am besten entnehmen Sie die Bodenprobe im zeitigen Frühjahr, noch vor Beginn der Vegetation, oder im Spätherbst. Die letzte Düngung sollte mindestens vier Wochen zurückliegen, da sonst das Ergebnis verfälscht werden würde.

Bodenuntersuchung im Labor

Zahlreiche Apotheken bieten heute Sets für Bodenanalysen an. Auskünfte über Bodenuntersuchungen erhalten Sie auch vom Bundesministerium für Landwirtschaft und Ernährung oder vom Verband Deutscher Landwirtschaftlicher Untersuchungs- und Forschungsanstalten. Bei der Bodenuntersuchung werden die Nährstoffvorräte des Bodens mithilfe von chemischen Verfahren festgestellt. So umfasst eine Basisuntersuchung im Allgemeinen die Bestimmung der Bodenart, des Volumengewichts, des Phosphorgehalts, des Kaliumgehalts, des Magnesiumgehalts und des pH-Wertes.

Düngemittel

Kompost reicht als Dünger meist völlig aus. Allerdings sollten nicht alle Kräuter mit Kompost gedüngt werden. Zum Kompostieren eignen sich alle pflanzlichen und tierischen Reste. Das sind im Hausgarten normalerweise Laub, Heckenschnitt, Einjahresblumen, Reste von Gemüse oder von Stauden. Auch aus der Küche kann einiges wie Schälreste von Obst und Gemüse, Eierschalen, Kaffeesatz oder Holzasche auf den Kompost wandern. Auch Stallmist eignet sich zur Kompostierung und macht den Kompost sehr gehaltvoll. Müssen Gartenabfälle zerkleinert werden, leistet ein Häcksler gute Dienste. Wann ein Kompost einsatzbereit ist, erfahren Sie am besten durch eine Riechprobe. Fertiger Kompost riecht nach Erde. Frischekompost erhalten Sie nach etwa einem Jahr, für Reifekompost müssen Sie zwei bis drei Jahre rechnen. Frischekompost verwenden Sie als Bodenverbesserungsmittel vor dem Anpflanzen der Kräuter oder auch als Mulchmaterial. Er wird nur oberflächlich in den Boden eingearbeitet. Reifen Kompost, also die fertige Komposterde, können Sie für die Kräuterspirale, aber auch im Gewächshaus verwenden. Zudem lässt sich damit der Humusgehalt des Bodens verbessern. Auch Hornspäne und Horn-Knochenmehl eignen sich als biologisches Düngemittel. Sie enthalten neben notwendigem Stickstoff auch Phosphat sowie Kali.

Kräuter zurückschneiden

Manche Kräuter müssen Sie zurückschneiden, da sie zum Verholzen neigen. Im April, wenn die neuen Triebe bei Salbei, Majoran, Thymian und Bohnenkraut zu sehen sind, ist die beste Zeit, um sie zurückzuschneiden. Nehmen Sie eine Gartenschere und kürzen Sie sie um gut ein Drittel zurück. Damit erreichen Sie, dass die Pflanzen kompakt nachwachsen. Bei dieser Gelegenheit putzen Sie auch gleich das vertrocknete Geäst aus den Sträuchern. Lavendel schneiden Sie besser erst im Sommer zurück, da er bei einem Rückschnitt bei kühleren Temperaturen nicht mehr gut austreibt. Achten Sie bei einem Schnitt immer darauf, dass

Ein kräftiger Rückschnitt beim Lavendel im Sommer sorgt für neue schöne Blüten im Herbst.

Sie nicht in das alte Holz vom Vorjahr schneiden, denn dann kann es sein, dass die Pflanzen nicht mehr austreiben. Es werden nur die Triebe aus dem letzten Jahr zurückgeschnitten.

Kräuter gegen Schädlinge schützen

Auch Kräuter sind nicht vor Schädlingen sicher. Chemische Schädlingsbekämpfungsmittel sollten Sie hier allerdings vermeiden, schließlich sind die Kräuter zum Verzehr bestimmt. Am einfachsten ist im Hausgarten immer noch der Pflanzenschutz, der mit der Hand oder mit entsprechendem Werkzeug ausgeführt wird. Noch dazu ist dieser umweltfreundlich. Ganz natürlich lassen sich auch Pflanzen gegen Schädlinge einsetzen. Denken Sie nur an Lavendel, den Sie neben Rosen pflanzen, und der die Blattläuse vertreibt. Es gibt einige Methoden, die ganz ohne Chemie auskommen.

Die richtige Wahl der Sorten

Schon mit der Sortenwahl können Sie dafür sorgen, mögliche Krankheiten und Schädlinge auszuschalten. Richten Sie sich nach den regionalen Gegebenheiten und nach den Bodenverhält-nissen. Haben Sie eine Bodenanalyse durchführen lassen, können Sie daraus ablesen, welche Kräuter Sie relativ problemlos in dieser Erde anpflanzen können. Bauen Sie Kräuter in Mischkultur an, können Sie damit bereits Krankheiten und Schädlingen vorbeugen. Bei der Mischkultur fördern sich die Gemüse und Kräuter gegenseitig. Das hilft beim biologischen Pflanzenschutz und führt gleichzeitig zu höheren Erträgen. Borretsch wirkt beispielsweise gut auf Tomaten und Gurken, Majoran fördert die Entwicklung von Karotten und Zwiebeln.

Hygiene ist wichtig

Wenn Sie Samen oder Jungpflanzen kaufen, ist es wichtig, auf Qualität zu achten. Kontrollieren Sie die Pflanzen auf Schädlinge und Krankheiten, damit Sie diese nicht versehentlich in Ihren Kräutergarten einschleppen. Wenn Sie sich nicht ganz sicher sind, können Sie neue Pflanzen auch erst einmal separat stellen, bis Sie sie zu den anderen Pflanzen setzen. Bemerken Sie kranke oder von Schädlingen befallene Pflanzenteile, sollten Sie diese sofort beseitigen, ehe sich die Schädlinge ausbreiten können. Auch mit Messer und Gartenschere können Sie Krankheiten übertragen, deshalb ist auch hier Sauberkeit oberstes Gebot. Wenn Sie Raupen, Käfer oder Schnecken an Ihren Kräutern bemerken, sammeln Sie diese mit der Hand ab.

Netze und Drahtgeflechte

Netze und Vliese sind gut geeignet, um Schädlinge fernzuhalten. Gegen Schnecken sind beispielsweise Schneckenzäune sehr wirksam. Sie haben sich besonders bei Gemüse- und Kräuterbeeten bewährt. Da die Schnecken die Schneckenzäune nicht überwinden können, bleiben Gemüse und Kräuter geschützt. Sie können die Zäune entweder im Gartenhandel kaufen oder selbst einen Schneckenzaun bauen. Üblicherweise bestehen diese aus Metall oder Kunststoff, Holz ist nicht so gut geeignet. Der Zaun sollte rund 10 bis 15 cm ins Erdreich eingegraben werden und über dem Boden eine Höhe von 10 cm haben. Ganz oben hat der Zaun eine Schräge, sodass die Schnecken nicht über den Zaun klettern können, sondern wieder herunterrutschen.

Jauchen, Brühen und Tees lassen sich gut mit der Sprühflasche auf Kräuter aufbringen.

Natürliche Insektizide

Beim biologischen Anbau spielen Kräuterzubereitungen als Insektenvernichtungsmittel eine große Rolle. Hierzu gehört beispielsweise Brennnesselbrühe, die als schnell wirkender Dünger eingesetzt wird, aber auch zur direkten Bekämpfung von Schädlingen und Krankheiten empfehlenswert ist. Es gibt verschiedene Tees, Brühen und Jauchen, die im Haus- und Kräutergarten zur Schädlingsbekämpfung eingesetzt werden können. Um solch einen Tee herzustellen, nehmen Sie frische oder

getrocknete Kräuter, die Sie in heißem Wasser einweichen. Wermut eignet sich beispielsweise als Mittel gegen Blattläuse. Kochen Sie den Wermut als sehr starken Tee und lassen Sie die Flüssigkeit abkühlen. Füllen Sie den Wermuttee in eine Sprühflasche und besprühen Sie die Pflanzen einige Tage lang mehrmals pro Tag. Auch Brennnesseltee ist gegen Blattläuse hilfreich.

Brühen setzen Sie ebenso an, lassen diese 24 Stunden ziehen und kochen sie etwa 30 Minuten auf kleiner Flamme. Dann stellen Sie den Sud zum Abkühlen beiseite. Eine wirksame Brühe stellen Sie aus Ackerschachtelhalmen her. Nehmen Sie

1000 g frische oder 150 g getrocknete Acker-schachtelhalme und gießen Sie 10 l Wasser dazu. Lassen Sie die Brühe ziehen, kochen sie 30 Minuten auf und lassen diese abkühlen. Füllen Sie das verdünnte Gemisch (1:5) in eine Sprühflasche und sprühen Sie es auf die befallenen Pflanzen. Die Brühe hilft u. a. gegen die Blattfleckenkrankheit, Echten Mehltau, Rost und Salatfäule.

Zur Herstellung von Jauchen nehmen Sie grüne Pflanzenteile, die Sie in ein Holz- oder Plastikgefäß füllen. Schütten Sie nun so viel kaltes Wasser – am besten Regenwasser – dazu, dass die Pflanzenteile bedeckt sind. Rühren Sie den Sud einmal täglich um, sodass Sauerstoff in die Mischung kommt. Je nach Temperatur ist die Jauche nach ein bis zwei Wochen vergoren. Brennnesseln eignen sich besonders gut zum Herstellen von Jauche. Hierfür pflücken Sie fünf bis sechs frische Brennnesseln (Handschuhe nicht vergessen), legen diese in einen Eimer aus Holz oder Kunststoff – keinen Metalleimer verwenden – und schütten etwa 1 l Wasser dazu. Decken Sie den Eimer mit einem Deckel ab, stellen ihn an einen sonnigen Ort und lassen das Ganze eine Woche ziehen. Rühren Sie einmal täglich um. Wenn sich in dem Gemisch keine Bläschen mehr bilden, ist die Brennnesseljauche einsatzbereit. Füllen Sie sie in eine Sprühflasche und bespritzen Sie die befallenen Pflanzen. Auch zum Düngen ist Brennnesseljauche sehr effektiv. Auf 10 l Wasser geben Sie 0,5 l Jauche. Damit gießen Sie die Erde um die Pflanzen.

Effektiv bekämpfen
Damit Sie die Schädlinge und Krankheiten wirksam bekämpfen, müssen Sie auch die Blattunterseiten behandeln. Füllen Sie die Tees oder Jauchen in eine Sprühflasche und sprühen Sie die betroffenen Stellen ein. So kommen Sie leichter an alle Stellen heran.

Nützlinge im Garten

Auch Schädlinge haben natürliche Feinde. Umso besser, wenn sich diese in Ihrem Haus- und Kräutergarten ansiedeln. Gartenvögel beispielsweise brauchen zur Aufzucht ihrer Jungen Insekten als Futter. Bauen Sie entsprechende Nisthilfen, sodass Vögel gerne in Ihren Garten kommen. Hängen Sie diese so auf, dass die natürlichen Feinde der Vögel – wie z. B. Katzen – nicht an den Nistkasten gelangen können. Auch mit Gebüsch und Hecken können Sie den gefiederten Freunden dienen. Zaunkönig, Buchfink, Rotkehlchen und Grünling bauen ihre Nester gerne in Sträuchern, Bäumen und manchmal sogar in Stauden.

Spitzmäuse im Garten sind durchaus nützliche Helfer. Sie fressen Schnecken und Insekten. Auch Maulwürfe machen sich im Garten nützlich, obwohl sie nicht gern gesehen sind, da sie unschöne „Burgen" im Rasen hinterlassen. Sie fressen aber Würmer, Insekten, Nacktschnecken und Wühlmäuse.

Der kleine rot-schwarze Geselle geht gegen lästige Blattläuse vor.

Marienkäfer sind wichtige Blattlausjäger. Sollten Sie Marienkäfer bei sich im Garten entdecken, freuen Sie sich über die schwarz-roten Helfer, denn ein erwachsener Marienkäfer frisst am Tag etwa 100 Läuse. Grund genug, ihn im Garten willkommen zu heißen.

Vermehrung

Wenn Ihr Kräutergarten üppig wächst, wird es Zeit, an die Vermehrung zu denken. Nicht alle Kräuter überstehen den Winter, daher ist es gut, für Nachschub zu sorgen. Sie müssen nicht immer neue Samen und Jungpflanzen kaufen, sondern können Ihre Kräuter auch selbst vermehren.

Vermehrung durch Stecklinge

Bei der Vermehrung durch Stecklinge können Sie fast zuschauen, wie aus einem Steckling eine neue Pflanze heranwächst. Thymian, Rosmarin und Salbei beispielsweise vermehren Sie durch Stecklinge, da sich diese nicht durch Teilung vermehren lassen (s. S. 24). Benutzen Sie hierfür ein sauberes, scharfes Messer, damit Sie die Pflanzen nicht quetschen. Für einen guten Steckling nehmen Sie einen jungen Trieb, der etwa 5 bis 10 cm lang ist. Er sollte mindestens zwei und höchstens fünf Blattpaare besitzen. Schneiden Sie sorgfältig Stecklinge von der Mutterpflanze ab und stecken Sie diese so weit in die Erde ein, dass sie richtig festsitzen und nicht mehr wackeln. Sorgen Sie für feuchte Luft wie im Gewächshaus, dann können die Stecklinge in Ruhe Wurzeln bilden. Dazu bedecken Sie den Topf mit Klarsichtfolie oder einer Kunststoffhaube. Stellen Sie das Substrat mit den Stecklingen an einen hellen, jedoch nicht vollsonnigen Ort. Gute Bodentemperaturen liegen bei 20 bis 23 °C. Bereits einige Wochen später sehen Sie, wie sich neue Wurzeln und Blätter entwickeln. Wählen Sie die kräftigsten Stecklinge aus und pflanzen Sie sie im folgenden Frühjahr ins Kräuterbeet.

Kräuter lassen sich gut durch Stecklinge vermehren.

Vermehrung durch Wurzelteilung

Kräuter, die Wurzelausläufer bilden, eignen sich zur Wurzelvermehrung. Dazu zählen beispielsweise Liebstöckel, Estragon, Brennnessel und Pfefferminze. Im Frühjahr wird mit dem Spaten ein Teil des Wurzelstocks abgestochen und an einer anderen Stelle des Kräutergartens wieder eingesetzt. Auf diese Weise können Sie einen Teil Ihres Kräutergartens kostengünstig anlegen, da Sie bei Nachbarn und Freunden fragen können, ob Sie von ihnen Wurzelstücke bekommen könnten.

Vermehrung durch Absenker

Einige Kräuter wie Oregano oder Bergbohnenkraut lassen sich durch Absenker vermehren. Absenker werden die Zweige genannt, die sich zur Erde hin senken. Diese Triebe werden nun rund 10 cm tief in die Erde eingegraben, die Triebspitze schaut dabei aus dem Boden heraus. Am besten wird der Zweig mit einem Kunststoffhaken oder einem Pflanzholz am Boden befestigt. Nach einigen Wochen bilden sich neue Wurzeln und Sie können den Trieb von der Mutterpflanze trennen. Die Jungpflanze können Sie nun an einer anderen Stelle wieder eingraben.

Vermehrung durch Teilung

Zu den Kräuterstauden, die keine Ausläufer bilden, zählen Oregano, Pfefferminze, Salbei, Liebstöckel, Estragon und Schnittlauch. Diese lassen sich durch Teilung vermehren. Teilen bedeutet, dass Sie aus der Mutterpflanze mindestens zwei neue Pflanzen erhalten. Dazu graben Sie die Pflanze im Frühjahr aus und teilen den Wurzelballen mit einem Messer oder Spaten. Jedes Teilstück sollte möglichst viel von dem Wurzelstock und den Wurzeln behalten. Die beiden Teilstücke pflanzen Sie wieder ein und gießen Sie gut an. Die Kräuter treiben schnell wieder aus und wachsen kräftig nach. Oftmals kommt es durch die Teilung zu einem kräftigeren Wuchs und damit einem höheren Ertrag.

Überwintern

Sicherlich möchten Sie auch im Winter nicht auf Ihren Kräutergarten verzichten. Doch ob im Garten oder auf dem Balkon, nicht alle Kräuter überstehen den Winter problemlos. Deshalb müssen einige der Kräutertöpfe noch vor dem Frost ins Haus umziehen. Das hat für Sie sogar zwei Vorteile. Zum einen müssen Sie keine weiten Wege mehr gehen, um an frische Kräuter zu gelangen, und zum anderen sieht solch ein „Kräuterwald" im Haus sehr dekorativ aus. Dazu bekommen Sie gratis den aromatischen Duft nach frischen Kräutern im Haus.
Sie müssen Ihre Kräutertöpfe nicht alle in der Küche aufstellen, auch andere Räume im Haus eignen sich als Winterquartier. Wenn Sie ein Gewächshaus besitzen, ist dies natürlich der ideale Ort für Ihre Kräuter im Winter, doch nicht jeder kann ein Gewächshaus sein Eigen nennen.

Haben Sie viele Ihrer Kräuter in Kästen und Töpfen kultiviert, hat das natürlich Vorteile. Zum einen sind die Töpfe mobil, d. h. Sie können die Kräutertöpfe leicht von einem Ort zum anderen transportieren. Zum anderen können Sie die Töpfe nachts an die Hauswand oder die Terrasse stellen und die tagsüber gespeicherte Hitze wird dann an die Töpfe abgegeben. In den Wintermonaten können Sie die Töpfe einfach und bequem ins Haus tragen und die Kräuter an einen geschützten Winterplatz bringen.

So kommen die Kräuter über den Winter

Manche Kräutertöpfe können Sie getrost draußen überwintern lassen. Hierzu gehören Salbei, Ysop, Minze, Oregano, Fenchel und auch winterharte Thymian-Sorten. Wird der Winter allerdings sehr streng, sollten Sie auch diese Pflanzen ins Haus holen. Sind die Pflanzen in sehr kleinen Töpfen, müssen sie im Winter ebenfalls ins Haus umziehen. Das liegt daran, dass sich recht wenig Erde in dem Topf befindet und diese dann schnell durchfriert. Damit ist die Gefahr der Austrocknung sehr groß und so der Verlust der Pflanzen.

In einem Gewächshaus lassen sich die Kräuter problemlos überwintern.

Zwar ertragen die meisten Pflanzen eine Zeit der Trockenheit, doch allzu lange Trockenperioden sollten Sie auch den im Winter belaubten Pflanzen wie Lavendel, Salbei und Thymian nicht zumuten.

Die Kamille gehört zu den winterharten Kräutern, sie muss nicht ins Haus ziehen.

Bei extremer Kälte muss sowohl der Kräutertopf als auch die Pflanze draußen einen Frostschutz erhalten. Dazu bekommen Sie im Gartenfachhandel lichtdurchlässiges Vlies, das Topf und Pflanze schützt. Doch für Rosmarin, nicht winterharte Thymian-Sorten oder auch Lavendel sind solche schwierigen Wetterverhältnisse zu rau. Sie ziehen besser in ein geeignetes Winterquartier um, in dem sie den Frost gut überstehen. Dazu benötigen sie einen hellen, aber kühlen Raum mit einer hohen Luftfeuchtigkeit. Die Temperaturen sollten nicht über 10 °C liegen. Ein heller Keller oder eine Garage mit Fenster sind als Winterlager für diese Pflanzen im Allgemeinen gut geeignet.

Überwintern im Freien
Generell gibt es einige Kräuter, die winterhart sind. Dazu zählen Fenchel, Kamille, einige Lavendel-Sorten, Bärlauch und Estragon. Ihnen reicht es im Allgemeinen aus, wenn sie mit etwas Reisig oder Laub abgedeckt werden.

Überwintern im Gewächshaus
Die meisten Kräuter überwintern gerne im Gewächshaus. Dazu zählen Rosmarin, Majoran oder Thymian. Da diese Pflanzen beinahe winterhart sind, können sie auch in einem unbeheizten Gewächshaus den Winter überstehen.

Auspflanzen nach dem Überwintern
Ehe Sie Ihre Kräutertöpfe im Frühjahr wieder nach draußen bringen, müssen sich die Pflanzen erst langsam wieder akklimatisieren. Warten Sie die Eisheiligen Mitte Mai ab, bevor Sie die Pflanzen an einen geschützten Ort im Garten stellen. Nach ein bis zwei Wochen können Sie sie dann wieder ins Kräuterbeet auspflanzen.

Rund um die Kräuterernte

Kräuter ernten

Nachdem Sie Ihre Kräuter gehegt und gepflegt haben, kommt als Belohnung die Ernte. Doch auch hier gleicht nicht jedes Kraut dem anderen, denn jedes hat seine eigene Zeit, in der es geerntet werden möchte. Im Kapitel Kräuterporträts (ab S. 32) erfahren Sie Wissenswertes über die einzelnen Kräuter und ihren Erntezeitpunkt.

Der Zeitpunkt der Ernte ist wesentlich für die Qualität und den Geschmack der Kräuter. Ernten Sie zu früh, konnten sich die ätherischen Öle der Pflanzen noch nicht ausreichend bilden, ernten Sie zu spät, leiden Aussehen, Qualität und Geschmack. Auch beim Konservieren der Kräuter hätten Sie dann keine Freude. Doch keine Angst, mit der Zeit brauchen Sie den Erntezeitpunkt gar nicht mehr nachzuschlagen, sondern sehen es Ihren Pflanzen an, wann Sie sie ernten können. Bei einigen Kräutern werden nur die Blüten geerntet, bei anderen Blätter, Kraut oder Wurzeln.

Blüten ernten

Die Blüten folgender Kräuter sollten erst dann geerntet werden, wenn sie sich voll geöffnet haben, denn dann haben sie die meisten wertvollen Inhaltsstoffe: Kamille, Malve, Lavendel und Ringelblume. Manche zarten Blüten wie die von Malve und Mohn sind sehr kurzlebig und müssen täglich geerntet werden. Blüten von Kräutern wie Ringelblume, Schafgarbe und Lavendel zeigen sich recht lange. Hier genügt es im Allgemeinen, sie ein- bis zweimal in der Woche oder nach Bedarf zu ernten.

Reicher Ertrag
Regelmäßiges Ernten und auch Abschneiden welker Blätter steigert die Blühfreude und den Ertrag der Kräuter.

Vor der Blütezeit ernten

Einige Kräuter wollen vor der Blütezeit geerntet werden. Dazu gehört z. B. die Melisse. Wird sie vor der Blüte geerntet, ist das Zitronenaroma am intensivsten. Blüht das Kraut, verliert es an Geschmack und riecht bisweilen sogar unangenehm.

Ernten mit Einsetzen der Blüte

Mit Beginn der Blütezeit enthalten die Blätter vieler Kräuter den höchsten Gehalt an Wirkstoffen. Thymian, Pfefferminze und Salbei haben dann die meisten ätherischen Öle.

Ernten während der Vollblüte

Bei manchen Kräutern wird der volle Wirkstoffgehalt erst während der Vollblüte erreicht. Diese Kräuter sollten auch erst dann geerntet werden. Dazu gehören Oregano, Basilikum und Andorn. Spätestens Ende September ist aber auch hier die Erntezeit vorbei.

Richtig ernten

Nicht nur auf die Jahreszeit, auch auf den Zeitpunkt kommt es beim Ernten der Kräuter an. Generell ist der späte Morgen ein guter Zeitpunkt für die Kräuterernte. Nehmen Sie eine Gartenschere und einen Weidenkorb mit. Da das Kraut sehr empfindlich ist, sollten Sie behutsam mit ihm umgehen. Blätter und Blüten ernten Sie am besten mit den Händen. Für härtere Stängel benutzen Sie die Schere. Legen Sie die Pflanzen locker in den Korb und achten Sie darauf, dass sie nicht gedrückt oder gequetscht werden, sonst welken sie schneller.

Damit die Kräuter ihr volles Aroma bewahren können, müssen sie nach der Ernte rasch weiterverarbeitet werden. Sortieren Sie die Pflanzen noch einmal aus, denn nur einwandfreie Kräuter sollten in der Küche verwendet werden. Danach werden die Pflanzen kurz gewaschen und abgetrocknet. Lassen Sie den Kräutern genügend Zeit zum Trocknen, denn nur dann, wenn sie nicht mehr feucht sind, dürfen sie weiterverarbeitet werden. Ansonsten können sie schimmeln oder faulen.

Kräuter konservieren

Damit Sie lange Freude an Ihren selbst gezogenen Würzpflanzen haben, gibt es verschiedene Methoden, diese zu konservieren. So können Sie auch im Winter Ihre Gerichte mit frischen Kräutern verfeinern.

Kräuter trocknen

Wählen Sie für Ihre Kräuter einen Raum, der trocken und gut belüftet ist. Auch wenn Kräuter, die zum Trocknen aufgehängt sind, sehr hübsch aussehen, ist die Küche nicht der geeignete Ort dafür. Hier wäre es zu feucht, sodass die Kräuter nicht richtig trocknen könnten. Besser ist der Dachboden oder ein ungenutzter Raum im Haus, der dennoch warm und gut durchlüftet ist. Damit die Luft um die Kräuter herum gut zirkulieren kann, hängen Sie die Kräuter in ausreichendem Abstand zueinander und von der Wand auf.

Kräuter lassen sich in Bündeln aufgehängt gut trocknen und schauen dekorativ aus.

Bevor Sie Ihre Kräuter zum Trocknen aufhängen, binden Sie sie immer zu einem lockeren Bündel zusammen und hängen sie kopfüber auf. Fertig getrocknet sind sie dann, wenn sie zwischen den Fingern zerbröseln. Dann können Sie die Kräuter in saubere, trockene Gläser und Dosen einfüllen und luftdicht verschließen. Länger als ein Jahr sollten Sie die Kräuter allerdings nicht verwenden, da sie dann an Aroma verlieren.

Manche Kräuter brauchen Sie nicht aufzuhängen, sondern können sie dörren. Das empfiehlt sich besonders für Kräuterwurzeln oder hartlaubige Kräuter wie Rosmarin. Haben Sie keinen speziellen Dörrapparat, übernimmt das Dörren auch Ihr Backofen. Schalten Sie ihn auf Umluft, aber nicht heißer als 50 °C, und legen Sie die Pflanzenteile gut ausgebreitet auf Backpapier oder Alufolie. Die Tür des Backofens lassen Sie einen Spaltbreit offen, damit die feuchte Luft entweichen kann.

Kräuter einfrieren

Tiefgekühlte Kräuter sind lange haltbar. Geeignet sind u. a. Petersilie, Bohnenkraut, Estragon, Majoran, Basilikum und Dill. Verteilen Sie die Kräuter am besten auf kleine Portionen, sodass Sie sie dann portionsweise aus dem Tiefkühlfach entnehmen können. Eine gute Idee ist es, Kräuter im Eiswürfelbehälter einzufrieren. Dazu geben Sie einfach ein paar Kräuter in die Eiswürfelfächer, fügen ein paar Tropfen Wasser hinzu und geben das Ganze in den Gefrierschrank. Sind die einzelnen Portionen dann gefroren, können Sie sie entnehmen und in einer Dose oder einem Gefrierbeutel aufbewahren. Bei Bedarf entnehmen Sie einfach so viele Kräutereiswürfel, wie Sie brauchen.

Einige Kräuter können Sie auch durch Frosten konservieren. Dazu eignen sich etwa Petersilie, Basilikum, Dill, Estragon und Bohnenkraut. Zerkleinern Sie die Kräuter und legen Sie diese auf ein kaltes, mit Folie oder Backpapier ausgelegtes Backblech. Dieses legen Sie in Ihre Gefriertruhe oder Ihren Gefrierschrank. Bei dieser Methode werden die Kräuter schockgefrostet. Anschließend können Sie die Kräuter in Tiefkühldosen oder in Gefrierbeutel umfüllen. Praktisch sind spezielle Dosen, die mit einer entsprechenden Dosieröffnung ausgestattet sind. So entnehmen Sie jeweils immer nur genau so viel, wie Sie brauchen – ähnlich wie bei Gewürzdosen –, und stellen die Dose dann in den Gefrierschrank zurück.

Kräuter einlegen

Immer wieder schmackhaft sind eingelegte Kräuter. Die zuvor getrockneten Küchenkräuter werden in ein entsprechendes Gefäß – beispielsweise eine schöne Glaskaraffe – gefüllt und dann mit Öl aufgegossen. Möchten Sie ein aromatisches Öl, nehmen Sie Kräuter und geben Knoblauch, Chilischoten o. Ä. hinzu. Gut geeignet dafür sind Salbei, Basilikum, Rosmarin oder Bärlauch. Auf diese Weise erhält Ihr Kräuteröl noch mehr Pfiff (s. S. 94).

Vorratshaltung nur begrenzt geeignet

Bewahren Sie Ihre Kräuter nicht länger als ein Jahr auf. Nach dieser Zeit verlieren sie an Aroma und Wirksamkeit. Damit Sie wissen, wann Sie Ihre Kräuter konserviert haben, empfiehlt es sich, neben dem Namen des Küchenkrauts auch das Erntedatum mit anzugeben. Achten Sie immer darauf, dass sich in den Vorratsdosen und Gläsern keine Feuchtigkeit bildet, denn diese lässt die Kräuter schimmeln.

Mit Kräutern aus dem Garten oder vom Balkon lässt sich jedes Salatöl verfeinern.

Kräuterporträts
von A bis Z

Bärlauch
Allium ursinum

Pflege
Bärlauch braucht keine besondere Pflege. Regelmäßig gießen und jäten reicht vollkommen aus.

Ernte
Geerntet wird im April, noch bevor die Blüten austreiben. Dann sind die Blätter aromatisch und zart.

Anwendung
Bärlauch schmeckt lecker als Brotaufstrich, Bärlauchbutter oder als Zugabe im Salat. Auch Bärlauchsuppe ist sehr schmackhaft.

Basilikum
Ocimum basilicum

Standort
Im Hausgarten mag Bärlauch einen humosen Boden, der immer leicht feucht gehalten werden sollte. Am besten gedeiht er an einem halbschattigen Standort unter Sträuchern oder Bäumen.

Pflanzung/Aussaat
Junge Bärlauchpflanzen werden nach den Eisheiligen – Mitte Mai – ins Freiland gepflanzt.

Standort

Basilikum bevorzugt lockere, wasserdurchlässige Böden und auch einen sonnigen, geschützten Standort.

Pflanzung/Aussaat

Am besten ist die Aussaat im März mit Vorkultur unter Glas. Dazu legen Sie vier bis fünf Samen in einen mit Substrat gefüllten Topf. Günstige Keimtemperaturen liegen bei 18 bis 22 °C. Nach dem Keimen können Sie die Töpfe kühler stellen. Im Mai pflanzen Sie in einem Abstand von 25 bis 30 cm aus.

Pflege

Basilikum mag keine Temperaturen unter 12 °C und keine Staunässe. Gießen Sie ihn daher gleichmäßig, sodass der Boden nicht austrocknet, aber achten Sie stets darauf, dass keine Staunässe entsteht. Trocknet der Boden aus, blüht das Kraut vorzeitig.

Ernte

Im Spätsommer können Sie die zarten Blätter ernten. Hier am besten stängelweise ernten und nicht einzelne Blättchen von der Pflanze zupfen.

Anwendung

Frische Basilikumblätter passen sehr gut zu Tomaten mit Mozzarella. Auch Fleischgerichte (s. S. 69, 70 und 73) und Pasta lassen sich mit Basilikum verfeinern. Köstlich schmecken beispielsweise Gemüsenudeln mit Gorgonzolasoße auf der Seite 64. Mit Basilikum bestreut – ein Gedicht!

Basilikum wird immer erst kurz vor dem Servieren zugegeben. Da es eine hohe Würzkraft hat, werden immer nur kleine Mengen benötigt. Beim Trocknen verliert es an Aroma.

Borretsch

Borago officinalis

Standort

Borretsch mag kalkhaltige, sandige Lehmböden und einen vollsonnigen Standort. Dieses Kraut ist frostempfindlich.

Pflanzung/Aussaat

Sie können Borretsch direkt von April bis Ende Juli säen, in einem Reihenabstand von 30 cm. Die

Aussaattiefe beträgt rund 2 cm. Um immer junge Triebspitzen ernten zu können, empfiehlt sich die Aussaat alle 14 Tage neu. Bedingt ist Borretsch auch für die Kultur in Töpfen geeignet.

Pflege

Die Pflanze ist recht genügsam, sodass regelmäßiges Gießen genügt. Sie ist anfällig für Blattläuse und Falschen Mehltau.

Ernte

Die jungen Blätter sind am schmackhaftesten. Um sie immer frisch ernten zu können, empfiehlt sich eine fortlaufende Aussaat.

Anwendung

Zum Würzen werden die jungen Triebspitzen verwendet. Geschnittenes Kraut verwelkt rasch, daher sollten Sie immer nur so viel abschneiden, wie Sie benötigen. Da die jungen Blätter ähnlich wie Gurke schmecken, wird Borretsch auch als Gurkenkraut bezeichnet. Es eignet sich gut für Gurkenkonserven und für frischen Gurkensalat. Auch zur Verfeinerung von Quark kann Borretsch verwendet werden.

Vermehrung

Hat sich Borretsch erst einmal im Garten angesiedelt, versamt er sich von ganz alleine.

Dill

Anethum graveolens

Standort

Dill wächst gut auf humusreichen Böden. Staunässe mag er nicht, deshalb immer nur vorsichtig gießen. Ansonsten ist die Pflanze recht anspruchslos und lässt sich überall anbauen. Frost verträgt Dill allerdings nicht.

Pflanzung/Aussaat

Soll Dill wieder auf der gleichen Anbaufläche angepflanzt werden, muss eine Anbaupause von vier Jahren eingehalten werden. Das gilt auch für alle anderen Doldenblütler. Der Anbau sollte in zweiter Tracht erfolgen, d. h. zunächst werden auf dem Beet Starkzehrer wie Paprika, Lauch oder Tomaten gepflanzt, der Dill wächst dann – ohne nochmals zu düngen – als zweite Pflanze auf dem Beet. Die Aussaat erfolgt Anfang April bis

Ende Juli. Je früher Sie aussäen, desto mehr Kraut bekommen Sie, da die Pflanzen ansonsten erst später zu blühen beginnen. Dill ist auch in der Anzucht mit Vorkultur möglich, ebenso können Sie ihn in Töpfen ziehen.

Pflege
Dill ist recht pflegeleicht, braucht allerdings viel Wasser. Staunässe sollten Sie bei diesem Kraut immer vermeiden.

Ernte
Die Pflanze blüht von Juni bis September. Soll das Dillkraut als Gurkengewürz dienen, wird es bei Beginn der Blüte geerntet. Die Körnerererte beginnt vor der Vollreife, diese ist Ende August/ Anfang September. Sobald sich die Körner braun verfärben, können Sie sie ernten und weiterverarbeiten.

Anwendung
Schon im alten Ägypten war Dill als Kultur- und Heilpflanze bekannt. Auch heute noch wird der Doldenblütler gerne als Würz- und Heilkraut verwendet. Dill regt die Magenfunktionen an und wirkt gegen Blähungen. Die Gewürzpflanze ist sehr vielseitig einsetzbar. Sie wird für Salate, Soßen, Kräuteressenzen und Konserven verwendet. Die Blätter und Dolden dienen als Gewürz für Einlegegurken. Dillspitzen können Sie frisch, aber auch getrocknet oder praktischerweise tiefgefroren nutzen.

Estragon
Artemisia dracunculus

Standort
Estragon mag Böden, die gut Wasser speichern können. Außerdem liebt der Korbblütler einen warmen, sonnigen Standort. Er gedeiht zwar auch noch im Halbschatten, hier sind dann aber die Anteile an ätherischen Ölen geringer.

Pflanzung/Aussaat
Beim Estragon gibt es zwei Sortentypen: den russischen oder den französischen Estragon. Der russische Typ wird direkt gesät, der französische aus Stecklingen vermehrt. Auch die Teilung des

Wurzelstocks ist möglich. Die Aussaat mit Vorkultur unter Glas ist ab März möglich. Die Direktsaat erfolgt im April bis Mai. Haben Sie ausreichend große Töpfe, können Sie Estragon auch in Topfkultur ziehen.

Pflege
Estragon braucht ausreichend Wasser und ab und an eine Düngergabe Stickstoff. Im Herbst kann die Pflanze bis auf 10 bis 15 cm zurückgeschnitten werden.

Ernte
Für den frischen Gebrauch werden die Triebspitzen laufend geerntet.

Anwendung
Estragon können Sie zum Einlegen von Gurken, Tomaten und Paprika verwenden. Ebenso als Würze für Fisch und Fleisch. Auch für Rohkostsalate werden die Triebspitzen gerne verwendet. Möchten Sie Senf oder Gewürzessig herstellen, brauchen Sie ebenfalls Estragon. Aus dem getrockneten Kraut können Sie Tee herstellen.

Wind- und Kälteschutz
Wird Estragon in windigen Lagen angebaut, empfiehlt es sich, die Pflanzen zu stützen. Vor dem Auswintern schützt eine Mulchdecke oder ein leichtes Anhäufeln im Spätherbst.

Kerbel
Anthriscus cerefolium

Standort
Kerbel mag tiefgründige, humusreiche Böden. Staunässe verträgt der Doldenblütler nicht.

Pflanzung/Aussaat
Da Kerbel nicht frostempfindlich ist, kann er schon ab Mitte März ausgesät werden. Die Aussaat erfolgt direkt an Ort und Stelle. Kerbel wird flach ausgesät und nur ganz dünn mit Erde bedeckt. Die Pflanze eignet sich auch für die Topfkultur.

Pflege
Kerbel ist recht anspruchslos, sollte jedoch vor Trockenheit und Wind geschützt werden.

Ernte
Rund fünf bis sechs Wochen nach der Aussaat kann der Kerbel geerntet werden. Sobald er blüht, hat er nicht mehr die volle Würzkraft.

Anwendung

Kerbel schmeckt würzig und hat einen leicht anis-
ähnlichen Geschmack. Er eignet sich zum Würzen
von Eierspeisen, Fischgerichten, Suppen, Soßen
und Salaten. Auch Quark lässt sich mit Kerbel
aromatisch verfeinern. Kerbel gehört gemeinsam
mit Petersilie, Schnittlauch und Estragon zu den
französischen Kräutermischung „fine herbes".
Da die Gewürzpflanze hitzeempfindlich ist, sollte
Kerbel möglichst immer erst beim Anrichten den
Speisen zugegeben werden. So bleibt das Aroma
am besten erhalten. Eine Spezialität, die aus
frischem Kerbel hergestellt wird, ist Kerbelsuppe
(s. S. 58).

Langer Genuss

Kerbel welkt recht schnell. Wird er in Wasser
gestellt oder in Folie verpackt, hält er sich länger
frisch. Kerbel lässt sich auch gut einfrieren und
später verwenden.

Kresse
Lepidium sativum

Standort

Kresse ist recht anspruchslos und stellt keine
besonderen Anforderungen an den Boden. Die
verwandte Brunnenkresse ist jedoch eine Sumpf-
pflanze und wächst in Gewässern.

Pflanzung/Aussaat

Ab März kann die Kresse ausgesät werden und
beginnt schon nach wenigen Tagen zu keimen.
Damit Sie im Winter frische Kresse haben, säen
Sie die Kresse in flachen Schalen auf Vliespapier
oder Erde. Sie keimt bereits bei 5 bis 6 °C und gedeiht am besten zwischen 15 und 25 °C. Stellen
Sie die Schalen auf die Fensterbank in die Küche,
so haben Sie immer frische Kresse beim Kochen
zur Hand.

Pflege

Der Boden muss ausreichend feucht gehalten
werden, andernfalls beginnt die Kresse schnell zu
welken.

Ernte

Kresse kann das ganze Jahr hindurch auf der Fensterbank gesät und geerntet werden. Das Kraut wird in etwa 5 cm Höhe abgeschnitten.

Anwendung

Das würzige, leicht scharfe Kraut gibt Speisen eine pikante Note. Kresse enthält viel Vitamin C, Karotin, Eisen und Kalzium. Nutzen Sie sie zum Verfeinern von Quark oder streuen Sie sie frisch auf ein gebuttertes Brot. Auch für Soßen und Suppen lässt sich Kresse gut verwenden, sie sollte aber nicht erhitzt werden.

Lavendel
Lavandula angustifolia

Standort

Lavendel ist eine genügsame Pflanze, die keine besonderen Ansprüche an den Boden stellt. Er sollte lediglich locker sein. Lavendel mag vollsonnige, windgeschützte Standorte und kann sogar eine gewisse Trockenheit über einen längeren Zeitraum vertragen.

Pflanzung/Aussaat

Die Pflanzung erfolgt im Frühjahr, am besten in einem Abstand von ca. 0,5 m. Wird Lavendel neben Rosen gepflanzt, ergibt das einen schönen Farbkontrast. Außerdem vertreibt Lavendel Blattläuse.

Pflege

Lavendel sollte regelmäßig gegossen werden, kurzzeitige Trockenheit macht ihm jedoch kaum etwas aus. Ab und an ist die Pflanze für Kalkzugaben dankbar. Da Lavendel nicht winterhart ist, sollte er vor Wintereinbruch mit Reisig abgedeckt werden.

Ernte

Während der Blütezeit können Sie die Lavendelblüten und -blätter sammeln. Blütezeit ist von Juli bis August.

Anwendung

Lavendel ist recht vielseitig und lässt sich als Heilpflanze, aber auch zum Würzen verwenden. Verwenden Sie Lavendel zum Würzen von Gerichten, sollten Sie immer nur ganz kleine Mengen verwenden. Probieren Sie doch das Lavendel-Lammragout von S. 71.

Liebstöckel
Levisticum officinale

Standort
Liebstöckel mag tiefgründige, humose Böden. Da er ausreichend Platz benötigt, sollten Sie ihn etwas separat anpflanzen. Ein sonniger Platz ist optimal, Liebstöckel gedeiht aber auch im Halbschatten noch gut.

Pflanzung/Aussaat
Sie können Liebstöckel direkt aussäen, aber auch vorkultivieren. Ebenso können die Wurzelstöcke geteilt werden. Das Säen erfolgt im Mai an Ort und Stelle, rund 1 bis 2 cm tief. Später vereinzeln Sie auf 50 cm x 50 cm. Die Vorkultur ist ab März unter Glas möglich. Wenn Sie Liebstöckel als Topfpflanze ziehen möchten, brauchen Sie einen ausreichend großen Topf.

Pflege
Die Pflanze ist recht anspruchslos. Sie sollten lediglich ausreichend gießen. Im Frühjahr sollte das Kraut zurückgeschnitten werden. Bei Blattlausbefall werden die betroffenen Stängel abgeschnitten.

Ernte
Die jungen Blätter werden nach Bedarf ab Mai frisch geerntet. Um auch im Winter einen Vorrat an Liebstöckel zu haben, können Sie Liebstöckel trocknen oder einfrieren.

Anwendung
Liebstöckel wird neben medizinischen Anwendungsgebieten auch als Gewürz von Fleisch- und Fischgerichten (z. B. S. 72 und 77) und als Bestandteil von Kräuterlikören verwendet.

Günstige Würze
Für den Hausgebrauch genügt bereits eine einzige Pflanze. Verwenden Sie Liebstöckel nur sparsam, da er einen starken Eigengeschmack hat.

Majoran
Origanum majorana

Standort
Majoran mag lockere und humusreiche Böden. Bodennässe sollten Sie vermeiden. Damit der Lippenblütler seine volle Würzkraft entfalten kann, braucht er einen vollsonnigen Standort. Frosthart ist Majoran bis etwa – 7 °C.

Pflanzung/Aussaat
Die Aussaat erfolgt entweder direkt an Ort und Stelle oder durch Vorkultur unter Glas. Wollen Sie Majoran direkt im Garten säen, können Sie dies ab Mitte Mai. Bedecken Sie die feinen Samen nur hauchdünn mit Erde oder Sand. Die Vorkultur beginnen Sie im März bis April und säen dann Ende Mai im Abstand von 20 bis 30 cm aus. Majoran können Sie auch in Topfkultur ziehen.

Pflege
Majoran ist recht genügsam und möchte nur regelmäßig gewässert werden.

Ernte
Ernten können Sie, sobald sich die Blütenknospen öffnen, also noch vor der Vollblüte. Schneiden Sie diese nicht tiefer als etwa 5 cm über dem Boden ab, da die Pflanzen sonst nicht mehr austreiben können.

Anwendung
Majoran wird in vielen Ländern als Wurstgewürz eingesetzt. Auch zu Bratkartoffeln schmeckt er sehr gut. Zudem passt er zu gehaltvollen Speisen, z. B. zur gebratenen Ente mit Kräutern und Früchten (s. S. 75) , aber auch zu Salaten und Suppen (s. S. 55). Außerdem ist er ein typisches Pizzagewürz. Sie können ihn großzügig verwenden, wenn Sie den typisch würzigen Geschmack lieben. Beim Kochen büßt er sein mediterranes Aroma nicht ein.

Oregano
Origanum vulgare

die Erde auflockern und gießen, ist die Pflanze zufrieden. Staunässe sollten Sie vermeiden. Wollen Sie Oregano in einem Gebiet mit kalten Wintern anpflanzen, sollten Sie die Pflanzen vor Wintereinbruch mit Reisig oder Vlies vor Frost schützen. Die alten Triebe werden im Frühjahr bis kurz über dem Boden zurückgeschnitten, so fördern Sie den Austrieb. Durch den geringen Nährstoffbedarf reicht es aus, wenn Sie im Frühjahr etwas verrotteten Kompost in den Boden einarbeiten.

Ernte
Vor der Blütezeit schneiden Sie das Kraut etwa 5 cm über dem Boden ab. Benutzen Sie Oregano frisch oder getrocknet. Wollen Sie ihn trocknen, binden Sie das Kraut zu lockeren Sträußen zusammen und hängen diese an einem geschützten Platz auf.

Anwendung
Als Pizzagewürz ist Oregano unentbehrlich, doch auch als Würze für Suppen, Salate, Soßen und Nudelgerichte hat das mediterrane Gewürz längst Einzug in die heimische Küche gehalten (s. S. 50).

Standort
Oregano gedeiht auf durchlässigen, kalkhaltigen Böden und mag es gerne sonnig. Ist der Standort geschützt und wird der Boden nicht zu stark gedüngt, können Sie viele Jahre Freude an Ihrem Oregano haben. Je wärmer und sonniger die Pflanze steht, desto intensiver wird das Aroma.

Pflanzung/Aussaat
Im Mai können Sie die Samen direkt an Ort und Stelle säen. Am besten eignet sich ein Reihenabstand von etwa 30 cm.

Pflege
Oregano ist eine anspruchslose Pflanze, die keine besondere Pflege braucht. Wenn Sie regelmäßig

Gute Partnerschaft
Als Mischkulturpartner eignet sich Oregano insbesondere für Zwiebeln, Schnittlauch, Karotten, Tomaten und Porree.

Petersilie
Petroselinum crispum

Standort
Petersilie mag tiefgründige und humose Böden. Ebenso ist ein vollsonniger Standort wichtig.

Pflanzung/Aussaat
Petersilie können Sie direkt aussäen oder vorkultivieren. Auch Topfkultur ist möglich. Die Aussaat erfolgt an Ort und Stelle, von März bis Ende Juli. Wenn Sie immer wieder nachsäen, haben Sie stets frische Petersilie für die Verwendung in der Küche. Der Reihenabstand im Beet sollte ca. 30 cm betragen, die Saattiefe 2 bis 3 cm. Lassen Sie die Petersiliensamen vor der Aussaat 24 Stunden im lauwarmen Wasser quellen.

Pflege
Petersilie ist recht anspruchslos, möchte jedoch regelmäßig gegossen werden.

Ernte
Die Ernte beginnt ab Juni und zieht sich bis in den Oktober oder November hinein. Sie können die Blattpetersilie von Hand pflücken oder mit dem Messer abschneiden. Lassen Sie die inneren Herzblätter stehen, so kann die Petersilie immer wieder neu austreiben.

Anwendung
Petersilie kommt als Blatt- und Wurzelpetersilie vor. Die Blattpetersilie gibt es als glatte oder krause Petersilie zu kaufen, dabei gilt die glattblättrige Petersilie als würziger. Petersilie kann frisch oder getrocknet verwendet werden. Auch zum Einfrieren ist sie geeignet. Damit beim Kochen nicht zu viel Aroma verloren geht, sollte sie erst kurz vor Ende der Garzeit den Speisen zugegeben werden. Streuen Sie frische Petersilie über Rührei oder Bratkartoffeln oder verfeinern Sie damit Soßen und Gemüsegerichte (z. B. S. 50, 52, 56, 59 oder 62). Auch zum Garnieren ist Petersilie optimal geeignet.

Längere Frische
Wenn Sie Petersilie wie einen Blumenstrauß in ein Gefäß mit Wasser stellen, hält sie sich einige Tage frisch.

Pfefferminze
Mentha x piperita

Ernte
Soll die Pfefferminze frisch verwendet werden, kann sie jederzeit geerntet werden. Wenn Sie sie trocknen wollen, ernten Sie am besten zu Beginn der Blüte. Dann sind die ätherischen Öle am stärksten vorhanden.

Anwendung
Pfefferminztee hilft sowohl gegen Kopfschmerzen als auch gegen Übelkeit. Übergießen Sie zwei Teelöffel der getrockneten Blätter mit kochendem Wasser und lassen Sie den Tee rund 7 Minuten ziehen. Nachdem Sie die Blätter abgesiebt haben, können Sie den Tee genießen. Pfefferminze verleiht arabischen Gerichten eine frische Note (z. B. S. 60).

Standort
Pfefferminze gedeiht auf jedem normalen Gartenboden. Der Standort sollte sonnig und geschützt sein. Auch im Halbschatten wächst die Pflanze noch gut. Da die Pfefferminze wie alle Minzen zum Wuchern neigt, sollte sie einen alleinigen Platz bekommen.

Pflanzung/Aussaat
Pfefferminze wird aus Ablegern oder Stecklingen gewonnen und im Abstand von 30 cm x 30 cm im Frühjahr ausgepflanzt.

Pflege
Die Pflanze ist recht anspruchslos und möchte nur regelmäßig gegossen werden.

Rosmarin
Rosmarinus officinalis

Standort

Rosmarin eignet sich hervorragend für die Topf-kultur. Der kleine Halbstrauch mag humose, locke-re Böden und einen sonnigen, windgeschützten Standort.

Pflanzung/Aussaat

Rosmarin lässt sich durch Aussaat oder Stecklinge vermehren. Die Aussaat erfolgt ab Februar unter Glas. Ab Mitte Mai können Sie die Pflanzen ins Freiland auspflanzen. Bei der Vermehrung durch Stecklinge pikieren Sie bis zu fünf Pflanzen in einem Topf.

Pflege

Rosmarin braucht nur wenig Nährstoffe. Düngen Sie gelegentlich während der Wachstumszeit flüssig nach und gießen Sie regelmäßig, dann wird Ihnen die Pflanze viel Freude bereiten. Staunässe sollten Sie vermeiden. Im Herbst sollten Sie die Pflanzen ausgraben und in Töpfe setzen. Diese stellen Sie auf die Fensterbank und lassen den Rosmarin im Haus überwintern. Der Raum sollte hell und kühl sein.

Ernte

Sie können die Blätter jederzeit pflücken, auch im Winter.

Anwendung

Rosmarin wird nur in kleinen Mengen verwendet. Verwenden Sie Rosmarin frisch oder getrocknet.

Er hat ein kräftiges, würziges Aroma und eignet sich für fettes Fleisch, Wild und Geflügel. Auch zu Fisch- und Teiggerichten kann Rosmarin genutzt werden (s. S. 81).

Salbei
Salvia officinalis

Standort

Salbei mag durchlässige, kalkhaltige Böden. Der Humusgehalt sollte nicht allzu hoch sein. Als Standort empfiehlt sich ein sonniger und windge-schützter Platz. Gut geeignet ist ein Platz direkt an der Terrasse. Hier gedeiht er gut und verwöhnt Sie mit seinem vollen Aroma.

Pflanzung/Aussaat

Zwar ist Direktsaat möglich, empfehlenswert ist jedoch die Vorkultur mit Jungpflanzen. Die Aussaat erfolgt Ende Februar/Anfang März unter Glas. Streuen Sie den Samen breitwürfig, d. h., nehmen Sie die Samentüte und führen Sie sie in schüttelnder Bewegung über die Erde der vorbereiteten Saatkisten. Ende Mai können Sie die Pflanzen dann in einem Abstand von 40 bis 60 cm ins Freiland auspflanzen. Für den Hausgebrauch reicht allerdings eine einzige Pflanze.

Pflege

Regelmäßiges Gießen reicht bei Salbei im Allgemeinen aus. Im späten Frühjahr können Sie eine einmalige Kompostdüngung geben.

Ernte

Ernten Sie die Blätter kurz vor der Blütezeit.

Anwendung

Salbei wurde bereits im Altertum als Heilkraut genutzt. Er wirkt antibakteriell und schweißhemmend. Der Tee ist gut bei Blähungen, regt den Organismus an und ist appetitanregend. Salbei hat ein pikantes, würziges Aroma und passt gut zu fetten Speisen, Lamm und Gans (z. B. S. 64 und 80). Auch für Eintöpfe können Sie Salbei verwenden. Nutzen Sie das Gewürz frisch oder getrocknet.

Schneckenschreck

Salbei hat aufgrund seines starken Dufts eine abschreckende Wirkung auf Schnecken, Raupen und Läuse. Pflanzen Sie deshalb den Salbeistrauch als Randfassung für Ihr Gemüsebeet.

Schnittlauch
Allium schoenoprasum

Standort

Schnittlauch gedeiht auf jedem Gartenboden. Nur extrem leichte oder schwere Böden sind ungeeignet. Er mag sonnige Standorte, fühlt sich aber auch noch im Halbschatten wohl.

Pflanzung/Aussaat

Schnittlauch kann an Ort und Stelle gesät werden oder in Vorkultur unter Glas. Da Schnittlauchsaatgut nur im ersten Jahr eine gute Keimfähigkeit hat, muss es immer frisch sein. Achten Sie deshalb darauf, wenn Sie Saatgut kaufen. Die Aussaat unter Glas erfolgt im Februar/März breitwürfig in vorbereiteten Saatkisten. Anschließend können Sie pikieren oder Sie pflanzen direkt aus.

Pflege

Gießen Sie regelmäßig und vermeiden Sie Staunässe.

Ernte

Im Freiland können Sie Schnittlauch von April bis November laufend ernten. Schneiden Sie ihn mit dem Messer rund 2 cm über dem Boden ab und verwenden Sie den Schnittlauch möglichst noch am gleichen Tag.

Anwendung

Schnittlauch wird nicht in den Gerichten mitgekocht, sondern frisch auf Suppen, Gemüse und Salate gestreut (s. S. 51, 52, 66, 78, 91). Auch als Brotbelag wird Schnittlauch gern verwendet. Er enthält viel Vitamin C und Mineralstoffe, regt den Appetit an und fördert die Verdauung. Schnittlauch können Sie gut einfrieren.

Thymian
Thymus vulgaris

Standort

Thymian bildet kräftige Pfahlwurzeln aus, deshalb sollten Sie einen lockeren Boden wählen. Ungeeignet sind schwere, verdichtete Böden. Pflanzen Sie das Gewürz an einen sonnigen und windgeschützten Platz. Da Thymian mit sich selbst und zu anderen Lippenblütlern unverträglich ist, muss eine vierjährige Anbaupause eingehalten werden.

Pflanzung/Aussaat

Da der Thymiansamen sehr fein ist, ist die Aussaat an Ort und Stelle nicht empfehlenswert. Besser ist die Aussaat unter Glas von März bis Mai. Der Samen wird dabei nur ganz leicht mit Erde bedeckt. Nachdem sich die zarten Keime entwickelt haben, pikieren Sie in entsprechend große Töpfe und setzen die jungen Pflanzen dann im Mai in einem Abstand von 25 cm ins Freiland.

Pflege

Gießen Sie regelmäßig und düngen Sie ab Juli nicht mehr. Da nicht jede Thymiansorte winterhart ist, sollten Sie vor dem Frost Erde anhäufeln oder den Strauch mit Stroh oder Reisig bedecken.

Ernte

Sie können die jungen Triebe laufend ernten. Wollen Sie den Thymian trocknen, schneiden Sie die

Triebe vor der Blüte in rund 10 cm Höhe ab. Binden Sie einige Stängel zu lockeren Bündeln zusammen und hängen Sie diese kopfüber an einem trockenen, luftigen Platz auf. Thymian blüht von Juni bis September.

Anwendung

Sie können Thymian frisch oder getrocknet verwenden. Er dient als Würzmittel für Braten und Gulasch, aber auch für Suppen, Soßen und Salate (s. S. 56, 61 oder auch 75). Für Gerichte mit Fisch oder Muscheln ist Thymian ebenfalls gut geeignet. Unverzichtbar ist das Gewürz für die Herstellung von Kräuterlikör, Kräuterbutter und Ratatouille. Doch nicht nur in der Küche können Sie Thymian einsetzen. Nutzen Sie Thymian als Hustenkraut und verwenden Sie es zur Zubereitung von Tee oder zu Inhalationen.

Zitronenmelisse
Melissa officinalis

Standort

Zitronenmelisse mag tiefgründige, humose Böden und benötigt einen sonnigen, windgeschützten Platz.

Pflanzung/Aussaat

Die Aussaat erfolgt im Februar/März unter Glas. Im Mai wird ins Freiland ausgepflanzt, mit einem Abstand von 35 cm x 35 cm.

Pflege

Regelmäßiges Gießen ist wichtig. Vor dem Winter sollte die Zitronenmelisse-Pflanze durch Anhäufeln mit Erde oder durch Vlies vor Frost geschützt werden.

Ernte

Geerntet werden die jungen Triebspitzen und die frischen Blätter. Soll ein Vorrat für den Winter angelegt werden, werden die Blätter vor Beginn der Blüte geschnitten.

Anwendung

Zitronenmelisse hat einen typischen zitronenartigen Geruch. Auch die Blätter der Pflanze schmecken nach Zitrone. Verwendet wird Zitronenmelisse in Salaten und Soßen, ebenso zu Fleisch- und Fischgerichten (s. S. 87).

Die besten Rezepte für Ihre Kräuter

Gegrillte Schafskäsespießchen mit Lorbeerblättern

Für 4 Personen:
24 große frische Lorbeerblätter
200 g Schafskäse
(z. B. Salakis natur)
2 EL Olivenöl
3 EL gemischte Kräuter,
frisch gehackt (z. B. Petersilie,
Oregano, Thymian, Rosmarin)
1 Zitrone, in Spalten geschnitten
200 g Oliven

Zubereitungszeit:
10 Min.
Nährwerte pro Person:
216 kcal, 904 kJ, 9 g EW, 20 g F,
2 g KH

1 24 Holzspieße (Zahnstocher) und Lorbeerblätter 20–30 Minuten in kaltes Wasser legen. Schafskäse in 12 Würfel schneiden, dabei darauf achten, dass der Käse nicht bricht.

2 Olivenöl mit den Kräutern verrühren und den Käse damit bepinseln. Die Käsewürfel kreuzweise in je 2 Lorbeerblättern einschlagen und mit 2 Holzspießen feststecken. Die Päckchen in einer Alugrillschale bei mäßiger Hitze auf den Grill setzen.

3 Sobald der Käse warm ist, vom Grill nehmen. Zum Verzehr den Käse von den Lorbeerblättern befreien, mit Zitronensaft beträufeln und die Oliven dazu reichen.

Grillgemüse mit gekräuterten Folienkartoffeln

1 Kartoffeln und Kräuterzweige waschen und trocken tupfen. Je 1 Kartoffel mit Kräuterzweigen in Alufolie einwickeln und für ca. 35 Minuten in die Grillglut legen.

2 Paprikaschote halbieren, putzen, waschen und in grobe Stücke schneiden. Schalotten abziehen und halbieren. Champignons putzen. Die Zucchini waschen, putzen und in grobe Würfel schneiden.

3 Bärlauch waschen, trocken tupfen und in feine Streifen schneiden. Teriyaki, Olivenöl, Bärlauch und Cayennepfeffer gut verrühren. Mit dem Gemüse vermischen, auf eine Grillschale geben und unter mehrmaligem Wenden ca. 15 Minuten bissfest garen.

4 Folie über den Kartoffeln öffnen. Kartoffeln kreuzweise einschneiden, etwas auseinanderdrücken und kurz ausdampfen lassen. Das Grillgemüse in die Öffnung geben. Die Kartoffeln noch warm servieren.

Für 4 Personen:
4 große Kartoffeln (à ca. 200 g)
je 4 kleine Zweige Thymian und Rosmarin
1 rote Paprikaschote
8 Schalotten
250 g braune Champignons
2 Zucchini
8 Blätter Bärlauch (alternativ: Schnittlauch, Basilikum, Frühlingszwiebeln sowie etwas frisch gepresster Knoblauch)
10 EL Teriyaki Marinade & Soße
5 EL Olivenöl
Cayennepfeffer

Zubereitungszeit:
30 Min.
Garzeit:
50 Min.
Nährwerte pro Person:
343 kcal, 1.440 kJ, 9 g EW, 13 g F, 46 g KH

Spargel mit heller Kräutersoße

Für 4 Personen:

500 g weißer Spargel

500 g grüner Spargel

1/2 Bd. glatte Petersilie

1/2 Bd. Dill

1/2 Bd. Zitronenmelisse

1/2 Bd. Schnittlauch

1 Zitrone

Salz

1 TL Zucker

3 EL Pflanzencreme

2 EL Mehl

200 ml Cremefine zum Kochen

2 Eigelb

Pfeffer aus der Mühle

Zubereitungszeit:

25 Min.

Garzeit:

25 Min.

Nährwerte pro Person:

247 kcal, 1.033 kJ, 7 g EW, 18 g F, 14 g KH

1 Spargel waschen. Weißen Spargel ganz, grünen Spargel nur im unteren Drittel schälen, Enden abschneiden.

2 Kräuter waschen und trocken schütteln. Petersilie, Dill sowie Zitronenmelisse ohne die festen Stielansätze hacken. Schnittlauch in Röllchen schneiden. Zitrone auspressen.

3 In einem großen Topf Wasser mit Salz und Zucker zum Kochen bringen. Weißen Spargel ins Wasser geben und in 15 Minuten bissfest garen. Nach 5 Minuten Kochzeit den grünen Spargel zufügen. Spargel aus dem Wasser nehmen und abtropfen lassen.

4 Pflanzencreme in einem Topf erhitzen. Mehl einrühren und bei kleiner Hitze 5 Minuten anschwitzen. 500 ml Spargelwasser langsam, aber kräftig unterrühren. Bei kleiner Hitze 10 Minuten kochen.

5 Cremefine und Eigelb kräftig verschlagen. Mit Salz und Pfeffer abschmecken. Die Soße von der Herdplatte ziehen und Kräuter unterrühren. Spargel mit der Soße servieren.

Zucchinihäppchen

1 Zucchini putzen, waschen und grob raspeln. Frühlingszwiebeln putzen, waschen und in Ringe schneiden. Minze abbrausen, trocken schütteln und Blättchen hacken. Minze und Zucchini vermengen. Mit Salz würzen.

2 Butter zerlassen und abkühlen lassen. Eier verschlagen und mit Käse verrühren. Mit Frischkäse und Milch glatt rühren.

3 Backofen auf 180 °C vorheizen. Eiermasse unter die Zucchini heben und das Ganze mit Muskatnuss, Salz und Pfeffer abschmecken. Eine eckige ofenfeste Form (ca. 15 cm x 30 cm) mit Backpapier auslegen. Teigblätter vorsichtig voneinander lösen und mit Butter einstreichen. Dann in die Ofenform legen, sodass der Boden bedeckt ist.

4 Zucchini-Käse-Masse auf dem Teig glatt streichen. In den Ofen schieben und das Ganze in 35 Minuten backen, bis der Kuchen fest und goldbraun ist. Aus dem Ofen nehmen, etwas abkühlen lassen und in 15 Würfel schneiden. Mit Minze garnieren.

Für 15 Stücke:
700 g Zucchini
1/2 Bd. Frühlingszwiebeln
2 Stängel Minze
Salz
50 g Butter
3 Eier
75 g Gouda, frisch gerieben
75 g Parmesan, frisch gerieben
100 g Frischkäse
150 ml Milch
Muskatnuss, frisch gerieben
Pfeffer
250 g Filoteig
Minzeblättchen zum Garnieren

Zubereitungszeit:
30 Min.
Garzeit:
35 Min.
Nährwerte pro Stück:
218 kcal, 912 kJ, 9 g EW, 16 g F, 10 g KH

Gefüllte Rosmarintomaten

Für 4 Personen:

6 große, feste Fleischtomaten

3 Zweige Rosmarin

12 Scheiben Toastbrot

100 g Emmentaler, gerieben

100 g Parmesan, gerieben

100 ml Milch

1 Ei

Salz

Pfeffer aus der Mühle

Rosmarin zum Garnieren

Zubereitungszeit:

20 Min.

Garzeit:

15 Min.

Nährwerte pro Person:

482 kcal, 2.017 kJ, 26 g EW,

22 g F, 44 g KH

1 Tomaten halbieren und mit einem Teelöffel vorsichtig aushöhlen. Den Rosmarin waschen, trocken schütteln und hacken.

2 Brotscheiben leicht toasten. Etwas auskühlen lassen und dann in einer Schüssel zerkrümeln. Mit Emmentaler sowie mit Parmesan vermengen.

3 Milch mit Ei verquirlen. Über die Brot-Käse-Mischung gießen. Mit Salz, frisch gemahlenem Pfeffer und Rosmarin würzen und das Ganze gut vermengen.

4 Den Backofen auf 200 °C vorheizen. Gewürzte Masse in die 12 Tomatenhälften füllen. Auf ein mit Backpapier ausgelegtes Backblech setzen und das Ganze im Ofen ca. 15 Minuten goldgelb backen.

5 Die gefüllten Rosmarintomaten auf Tellern anrichten und vor dem Servieren mit Rosmarinzweigen garnieren. Heiß servieren.

Gut zu wissen

In den Mittelmeerländern wächst Rosmarin als bis zu 2 m hoher, immergrüner Strauch. Von März bis Mai bilden sich kleine, blassblaue oder weißliche Blüten.

Rheinische Bohnensuppe

Für 4 Personen:
1,2 kg grüne Bohnen
4 Mettwürstchen
400 g Kartoffeln
1 l Fleischbrühe
150 g saure Sahne
1 EL Mehl
Salz
2 EL gerebeltes Bohnenkraut
(z. B. von Ostmann)
1 EL gerebelter Majoran
1 TL schwarzer Pfeffer

Zubereitungszeit:
20 Min.
Garzeit:
25 Min.
Nährwerte pro Person:
553 kcal, 2.314 kJ, 37 g EW,
32 g F, 30 g KH

1 Bohnen putzen, waschen und abtropfen lassen. Danach abfädeln und in gleich große Stücke schneiden.

2 Mettwürstchen in Scheiben schneiden. Kartoffeln schälen, waschen und in gleichmäßige Würfel schneiden.

3 Fleischbrühe erhitzen. Sobald sie zu kochen beginnt, die Mettwürstchen, Bohnen sowie Kartoffeln dazugeben und das Ganze ca. 25 Minuten gar köcheln lassen.

4 In einer Schüssel saure Sahne mit Mehl verrühren, bis sich eine homogene Masse bildet. Dann unter ständigem Rühren zur Suppe geben.

5 Bohnensuppe mit Salz, Bohnenkraut, Majoran und Pfeffer abschmecken. 5 Minuten ziehen lassen. Suppe in Teller füllen und noch heiß servieren.

Kichererbsensuppe mit Gemüse

Für 6 Personen:

1 Zwiebel
3 Knoblauchzehen
1 große Möhre
1 frische rote Chilischote
4 Stängel Petersilie
2 Stängel Majoran
60 ml Olivenöl
2 Lorbeerblätter
1/2 TL getrockneter Thymian
800 g stückige Tomaten (Dose)
400 g Kichererbsen (Dose)
2 l Gemüsebrühe
150 g Rucola, 150 g Spinat
150 g Mangold
Salz, Pfeffer
Olivenöl
6 EL Parmesan, gerieben

Zubereitungszeit:
30 Min.
Garzeit:
40 Min.
Nährwerte pro Person:
326 kcal, 1.364 kJ, 15 g EW,
19 g F, 24 g KH

1 Zwiebel sowie Knoblauchzehen abziehen und beides fein hacken. Möhre schälen und in Scheiben schneiden. Chilischote waschen, halbieren, entkernen, danach fein hacken. Petersilie und Majoran waschen, trocken schütteln und fein hacken.

2 50 ml Olivenöl in einem Topf erhitzen. Zwiebel, Knoblauch, Möhre, Lorbeer, Thymian und Chilischote hineingeben. Bei mittlerer Hitze 10 Minuten dünsten, ab und zu umrühren. Petersilie und Majoran zugeben. Tomaten unterrühren und weitere 3 Minuten garen.

3 Kichererbsen kalt abbrausen und abtropfen lassen. Dann mit in den Topf geben. Das Ganze mit Brühe aufgießen und weitere 30 Minuten köcheln lassen.

4 Rucola, Spinat und Mangold putzen, waschen, hacken und dann zur Suppe geben. Noch 10 Minuten köcheln lassen, mit Salz und Pfeffer abschmecken.

5 Die Suppe in Schälchen anrichten und mit Olivenöl beträufeln. Mit Parmesan bestreuen und heiß servieren.

Grüne Spargelcremesuppe

1 Spargel waschen, Spitzen abschneiden und beiseitelegen. Stangen schälen und holzige Enden abschneiden. Spargelstangen in Scheiben schneiden. Butter erhitzen und Spargelscheiben unter Rühren darin andünsten.

2 Kresse abbrausen und bis auf ein paar Blättchen für die Garnitur über dem Topf mit einer Küchenschere abschneiden. Unter den Spargel rühren.

3 Crème fraîche zugeben. Das Ganze mit Gemüsebrühe aufgießen und 10 Minuten köcheln lassen. Mit Salz, Pfeffer und Muskatnuss würzen.

4 In der Zwischenzeit die beiseitegelegten Spargelspitzen in kochendem Salzwasser 3 Minuten al dente garen. Dann abschrecken und abtropfen lassen.

5 Suppe pürieren. Nochmals aufkochen lassen und mit Zitronensaft abschmecken. Spargelspitzen in die Suppe geben und kurz erwärmen lassen.

6 Spargelcremesuppe in 4 tiefe Teller geben. Mit der übrigen Kresse garnieren und heiß servieren.

Für 4 Personen:
500 g grüner Spargel
2 EL Butter
1 Kästchen Kresse
150 g Crème fraîche
750 ml Gemüsebrühe
Salz, weißer Pfeffer
Muskatnuss, frisch gerieben
Zitronensaft

Zubereitungszeit:
30 Min.
Garzeit:
20 Min.
Nährwerte pro Person:
200 kcal, 837 kJ, 4 g EW, 20 g F,
3 g KH

Kerbelsuppe mit Croûtons

Für 4 Personen:
1 Zwiebel
200 g mehlig kochende
Kartoffeln
1 EL Butter
Salz
500 ml Milch
100 g Kerbel
100–200 ml Sahne, mind. 30 %
Fettgehalt
Pfeffer aus der Mühle
3 Scheiben Toastbrot
2 EL Olivenöl

Zubereitungszeit:
40 Min.
Garzeit:
ca. 20 Min.
Nährwerte pro Person:
402 kcal, 1.682 kJ, 9 g EW, 29 g F,
26 g KH

1 Die Zwiebel und die Kartoffeln schälen und würfeln. Dann in der Butter andünsten, salzen und mit 250 ml Wasser 15–20 Minuten garen, bis die Kartoffeln weich sind. 500 ml Milch dazugießen, alles aufkochen lassen und pürieren.

2 Inzwischen den Kerbel waschen, einige Blättchen beiseitelegen, den Rest grob hacken und mit der Sahne im Mixer pürieren. Die Kerbelsahne zur pürierten Suppe geben und erhitzen. Die Suppe salzen und pfeffern.

3 Das Toastbrot in Würfel schneiden und in heißem Öl mit Salz und Pfeffer knusprig braten. Die Suppe in Tassen oder Schälchen füllen und mit Croûtons und den übrigen Kerbelblättchen bestreut servieren.

Junger Kartoffelsalat mit Zuckerschoten

1 Kartoffeln waschen und mit Schale ca. 20 Minuten gar kochen. Dann abgießen, abschrecken und schälen. Kartoffeln je nach Größe halbieren oder vierteln. In einer Schüssel mit der warmen Gemüsebrühe übergießen.

2 Frühlingszwiebel waschen, putzen, in feine Röllchen schneiden und zu den Kartoffeln geben. Zuckerschoten putzen und waschen. Dann in kochendem Wasser 1 Minute blanchieren und abschrecken.

3 Brunnenkresse kalt abbrausen, trocken tupfen und Blätter von den Stielen zupfen. Die Blättchen grob klein schneiden. Avocado schälen, Stein entfernen und das Fruchtfleisch würfeln. Chilischote entkernen und das Fruchtfleisch hacken. Petersilie waschen, trocken schütteln und Blättchen von den Stielen zupfen. In feine Streifen schneiden.

4 Joghurtalternative mit Chili, Petersilie, Essig, Öl, Salz, Pfeffer und Honig pürieren. Dressing, Zuckerschoten, Brunnenkresse und Avocado über die Kartoffeln geben. Zutaten mischen und würzig abschmecken.

Yofu
Joghurtalternativen auf Sojabasis werden auch Yofus genannt.

Für 4 Personen:
700 g junge kleine Kartoffeln
120 ml Gemüsebrühe
1 Frühlingszwiebel
250 g Zuckerschoten
1 Bd. Brunnenkresse
1 reife Avocado
1 rote Chilischote, 1 Bd. Petersilie
125 g Soja-Joghurtalternative
(z. B. von Alpro soya)
3 EL Balsamico-Essig
4 EL Walnussöl
Salz, Pfeffer, 1 TL Honig

Zubereitungszeit:
30 Min.
Garzeit:
20 Min.
Nährwerte pro Person:
355 kcal, 1.485 kJ, 9 g EW, 19 g F, 36 g KH

Couscous-Salat

Für 4 Personen:
400 g Möhren
350 g Zucchini
400 g Auberginen
100 g Zwiebeln
3 Knoblauchzehen, Salz
1/2 l Gemüsebrühe
2 Döschen Safranfäden
1 TL Cayennepfeffer
1 Bd. glatte Petersilie
1 Bd. Minze, 3 EL Öl
2 Zimtstangen
350 g Couscous
80 g Rosinen
200 g Joghurt
1 TL Zimtpulver
2 TL Paprikapulver edelsüß
2 EL Salatöl (z. B. von Livio)

Zubereitungszeit:
35 Min.
Garzeit:
15 Min.
Nährwerte pro Person:
429 kcal, 1.797 kJ, 12 g EW,
21 g F, 48 g KH

1 Möhren putzen, schälen und in Scheiben schneiden. Zucchini waschen und in ca. 1 cm dicke Scheiben schneiden. Auberginen waschen, vierteln und in Scheiben schneiden. Zwiebeln und Knoblauch schälen und fein hacken.

2 Gemüse salzen und 15 Minuten ruhen lassen. Gemüsebrühe mit Safran und Cayennepfeffer aufkochen. Petersilie sowie Minze waschen, trocken schütteln, Blättchen abzupfen und hacken.

3 Das Öl in einem Topf erhitzen. Gemüse trocken tupfen, im heißen Öl kräftig anbraten. Aus dem Topf nehmen, Knoblauch, Zwiebeln und Zimt ca. 1 Minute im heißen Öl braten. Couscous dazugeben und unter Rühren kurz rösten.

4 Gemüsebrühe, Gemüse und Rosinen zum Couscous geben und den Topf verschließen. Hitze reduzieren und den Couscous in 15 Minuten bei mittlerer Hitze garen.

5 Joghurt mit Minze, etwas Salz, Zimt und Paprikapulver vermengen. Couscous mit einem Holzlöffel umrühren, Salatöl und Petersilie unterrühren und anrichten. Mit Joghurtsoße servieren.

Artischockensalat mit Orangen und Rosmarin

1 Von den Artischocken die äußeren harten Blätter entfernen. Den Stiel kürzen und schälen. Danach das Ganze in Zitronenwasser legen.

2 Orange mit heißem Wasser waschen und trocken reiben. Mit der Schale in dünne Spalten schneiden. Rosmarin und Thymian abbrausen und trocken schütteln. Knoblauch schälen. Olivenöl erhitzen. Rosmarin, Thymian (im Ganzen lassen) und Knoblauch dazugeben und leicht andünsten.

3 Artischocken aus dem Zitronenwasser heben. Zusammen mit den Orangenspalten in das Kräuteröl geben und leicht anbraten. Weißwein angießen und Zucker unterrühren.

4 Die Artischocken-Orangen-Mischung mit Salz und Pfeffer würzen. Lorbeerblatt zugeben. Bei mittlerer Hitze zugedeckt ca. 20 Minuten schmoren. Ab und zu vorsichtig umrühren.

5 Danach vom Herd nehmen und etwas auskühlen lassen. Der Salat kann lauwarm oder kalt serviert werden.

Für 4 Personen:
16 Baby-Artischocken
Saft von 2 Zitronen
1 unbehandelte Orange
3 Rosmarinzweige
4 Thymianzweige
1 Knoblauchzehe
5 EL Olivenöl
500 ml Weißwein
1 TL brauner Zucker
Salz
Pfeffer
1 Lorbeerblatt

Zubereitungszeit:
15 Min.
Garzeit:
20 Min.
Nährwerte pro Person:
403 kcal, 1.686 kJ, 11 g EW, 20 g F, 22 g KH

Vegetarische Kibbeh

Für 16 Stück:
250 g Bulgur
2 mittelgroße Auberginen
2 Knoblauchzehen
1 frische rote Chilischote
1 große Zwiebel
1 TL Speisestärke
1/2 TL gemahlenes Piment
1/2 TL gemahlener Koriander
Zimtpulver
gemahlener Kreuzkümmel
Salz
Sonnenblumenöl zum Braten
1 Bd. Petersilie, gehackt

Zubereitungszeit:
35 Min.
Ziehzeit:
20 Min.
Nährwerte pro Stück:
84 kcal, 351 kJ, 3 g EW, 2 g F,
14 g KH

1 Bulgur in eine Schüssel geben und knapp mit lauwarmem Wasser bedecken. 20 Minuten quellen lassen. Auberginen waschen und zerkleinern. Knoblauch schälen und hacken. Beides fein pürieren.

2 Chilischote waschen, längs aufschneiden, entkernen und weiße Innenhäute entfernen. Schote fein würfeln. Zwiebel abziehen, halbieren und in feine Würfel schneiden.

3 Bulgur in ein Sieb schütten und abtropfen lassen. Dann in eine große Schüssel geben und mit Gemüse, Chili- und Zwiebelwürfeln vermengen. Stärke mit etwas Wasser anrühren und unter den Bulgur mischen. Das Ganze mit Piment, Koriander, etwas Zimt und Kreuzkümmel würzen und salzen. Alles zu einem Teig verkneten.

4 Masse in 16 Portionen teilen. Daraus kleine Bällchen formen und diese flach drücken. Öl in einer Pfanne erhitzen und Bällchen darin portionsweise goldbraun braten, mind. einmal wenden. Herausnehmen und auf Küchenpapier abtropfen lassen.

5 Die Kibbeh mit gehackter Petersilie bestreuen und auf 4 Tellern anrichten.

Spaghetti mit Knoblauchöl

1 Spaghetti nach Packungsanweisung in Salzwasser bissfest garen.

2 Knoblauch schälen und fein hacken. Die Peperoni waschen, längs aufschlitzen, Kerne und weiße Innenhäute entfernen und Fruchtfleisch in sehr feine Würfel schneiden. Das Olivenöl in einer Pfanne erhitzen, Knoblauch und Peperoni dazugeben und leicht anbraten. Pfanne vom Herd nehmen.

3 Petersilie waschen, trocken schütteln, die Blätter von den Stängeln zupfen und fein hacken. Die Pfanne wieder auf den Herd stellen, 3–4 EL Nudelwasser hineingeben und dann umrühren.

4 Die Pasta in ein Sieb abgießen, abtropfen lassen und anschließend in die Pfanne geben. Mit Salz und Pfeffer abschmecken.

5 Die Petersilie über die Nudeln streuen. Das Ganze gut durchmischen und auf vorgewärmten Tellern servieren.

Für 4 Personen:
400 g Spaghetti
Salz
8 Knoblauchzehen
2 rote Peperoni
4–5 EL Olivenöl
1/2 Bd. Petersilie
Pfeffer

Zubereitungszeit:
15 Min.
Nährwerte pro Person:
495 kcal, 2.071 kJ, 15 g EW,
14 g F, 77 g KH

Käse-Variante
Ähnlich schnell können Spaghetti mit Pecorino gezaubert werden. Dafür 120 g Pecorino reiben und unter die Nudeln mischen. Mit Pfeffer und etwas Salz würzen und nach Belieben Olivenöl untermischen.

Gemüsenudeln mit Gorgonzolasoße

Für 4 Personen:
1 Knoblauchzehe
1 kleine Zwiebel
8 Salbeiblätter
125 g Gorgonzola
4 EL Olivenöl
200 ml Gemüsebrühe
200 ml Alpro soya Cuisine
Salz
Pfeffer aus der Mühle
250 g Auberginen
250 g Zucchini
1 Bd. Frühlingszwiebeln
1 Bd. Basilikum
1 Bd. Petersilie
375 g Nudeln (z. B. Orechiette)

Zubereitungszeit:
35 Min.
Nährwerte pro Person:
674 kcal, 2.820 kJ, 30 g EW,
28 g F, 74 g KH

1 Knoblauch und Zwiebel schälen und fein würfeln. Salbeiblätter waschen, trocken tupfen und fein schneiden. Gorgonzola fein würfeln.

2 1 EL Olivenöl erhitzen. Zwiebel und Knoblauch darin glasig dünsten. Salbei zufügen und mit Gemüsebrühe und Alpro soya Cuisine ablöschen. Gorgonzola dazugeben. Kräftig mit Salz und Pfeffer würzen und leicht köcheln lassen.

3 Auberginen, Zucchini und Frühlingszwiebeln putzen, waschen und würfeln. Basilikum und Petersilie waschen, trocken tupfen und fein schneiden.

4 Nudeln in kochendem, gesalzenem Wasser nach Packungs-anleitung al dente kochen. Inzwischen restliches Öl in einer Pfanne erhitzen. Gemüse darin rundherum 3–4 Minuten braten. Mit Salz und Pfeffer würzen.

5 Nudeln in einem Sieb abtropfen lassen. Nudeln, Gemüse und Soße in eine große Schüssel geben. Mit Kräutern bestreuen und alles mischen. Sofort servieren.

Fettuccine mit Spargel-Kerbel-Ragout

1 Spargel waschen, schälen und die holzigen Enden abschneiden. Stangen in schräge Stücke schneiden. 400 ml Salzwasser mit 1 Prise Zucker und etwas Zitronensaft aufkochen. Spargel hineingeben und ca. 8 Minuten garen.

2 In der Zwischenzeit Nudeln in kochendem Salzwasser nach Packungsanweisung zubereiten.

3 Spargel aus dem Wasser heben, dabei das Kochwasser nicht wegschütten. Alpro soya Cuisine in das Spargelwasser gießen und gut einrühren. Den Sud aufkochen und mit etwas Soßenbinder unter ständigem Rühren binden.

4 Kerbel waschen, trocken schütteln und, bis auf etwas zum Garnieren, Blättchen von den Stängeln zupfen. Kerbel und Spargel in die Soße rühren. Mit Salz und Pfeffer abschmecken.

5 Nudeln abgießen und mit Spargelragout auf Tellern anrichten. Mit Zitronenschale und rosa Beeren bestreuen. Mit Zitronenscheiben, Kerbel und Parmesan garnieren. Noch heiß servieren.

Für 4 Personen:
600 g weißer Spargel
Salz
Zucker
Zitronensaft
400 g grüne Fettuccine
250 ml Alpro soya Cuisine
1–2 EL heller Soßenbinder
1/2 Bd. Kerbel
Pfeffer
abgeriebene Schale von
1/2 Zitrone (unbehandelt)
rosa Beeren
Zitronenscheiben
Parmesanhobel zum Garnieren

Zubereitungszeit:
25 Min.
Nährwerte pro Person:
480 kcal, 2.008 kJ, 15 g EW,
13 g F, 76 g KH

Kräuter-Käse-Kuchen

Für 12 Stücke:
300 g mittelalter Gouda
250 g Mehl
125 g Margarine, Salz
Muskatnuss, frisch gerieben
je 1/2 Bd. Schnittlauch und
Petersilie
1 Möhre
1 kleine Peperoni
3 Eier
500 g Magerquark
100 ml Cremefine zum
Verfeinern
 4 EL Grieß
Pfeffer aus der Mühle
Fett für die Form

Zubereitungszeit:
25 Min.
Kühlzeit:
30 Min.
Backzeit:
45 Min.
Nährwerte pro Stück:
331 kcal, 1.294 kJ, 16 g EW,
18 g F, 20 g KH

1 Käse fein reiben. Mehl in eine Rührschüssel geben, kalte Margarine in Flöckchen auf das Mehl geben und mit 50 g Käse, Salz, Muskat und 60 ml Wasser zu einem geschmeidigen Teig verkneten. Evtl. mit den Händen nachkneten. In Frischhaltefolie wickeln und ca. 30 Minuten in den Kühlschrank stellen.

2 Kräuter waschen, trocken tupfen und fein hacken, dabei die harten Stiele der Petersilie entfernen. Möhre schälen und fein raspeln. Peperoni waschen, halbieren, entkernen und klein schneiden.

3 Restlichen Käse, Eier, Quark und Cremefine miteinander verrühren. Grieß, Möhre, Kräuter und Peperoni unterheben und mit Salz, Pfeffer und Muskat abschmecken.

4 Den Teig in einer gefetteten Springform (26 cm Durchmesser) ausrollen, dabei einen Rand hochziehen. Die Käsemasse auf den Teig geben und im vorgeheizten Backofen bei 200 °C ca. 45 Minuten backen.

Zucchiniauflauf mit Minze

1 Eine Auflaufform mit 1 EL Öl ausfetten. Zucchini waschen, trocken tupfen, Enden abschneiden und in ca. 1/2 cm dicke Scheiben schneiden. Frische Tomaten waschen, in Würfel schneiden und mit den Pizzatomaten vermischen.

2 Zwiebel und Knoblauch abziehen, beides fein würfeln. Dann 1 EL Öl in einer Pfanne erhitzen und Zwiebel- sowie Knoblauchwürfel darin andünsten. Zur Tomatenmischung geben und übriges Olivenöl unterrühren. Salzen und pfeffern.

3 Backofen auf 200 °C vorheizen. Minze waschen und trocken schütteln. Von 2 Stängeln die Blätter abzupfen und fein hacken. Diese unter die Tomatensoße mischen.

4 Zucchini abwechselnd mit der Tomatenmischung dachziegelartig in die Auflaufform schichten. Dazwischen etwas Emmentaler geben. Den restlichen Käse zusammen mit dem Parmesan über den Auflauf streuen.

5 Zucchiniauflauf in den Ofen schieben und ca. 20 Minuten goldbraun backen. Den Auflauf mit Minzestreifen bestreut servieren.

Für 4 Personen:
4 EL Olivenöl
600 g Zucchini
3 Tomaten
400 g Pizzatomaten (Dose)
1 Zwiebel
2 Knoblauchzehen
Salz
Pfeffer
3 Stängel Minze
200 g Emmentaler, frisch gerieben
50 g Parmesan, frisch gerieben

Zubereitungszeit:
25 Min.
Garzeit:
20 Min.
Nährwerte pro Person:
390 kcal, 1.632 kJ, 22 g EW, 30 g F, 7 g KH

Spargeltatar

Für 4 Personen:
500 g grüner Spargel
1 Bd. sehr feine
Frühlingszwiebeln
220 g Artischockenböden
(Dose oder Glas)
1 Bd. Estragon
1 EL Olivenöl
(z. B. von Alnatura)
Meersalz
Pfeffer aus der Mühle
Zitronensaft
4 Scheiben Toastbrot
4 EL Butter
einige Blätter Friséesalat
1 EL Crème fraîche

Zubereitungszeit:
40 Min.
Nährwerte pro Person:
242 kcal, 1.013 kJ, 9 g EW, 13 g F,
23 g KH

1 Unteres Drittel der Spargelstangen schälen und holzige Enden abschneiden. Die Spargelspitzen abtrennen und beiseitelegen. Stangen längs vierteln, dann würfeln.

2 Frühlingszwiebeln putzen, waschen und in Ringe schneiden. Artischockenböden abtropfen lassen und würfeln. Estragon abbrausen, trocken schütteln, Blättchen abzupfen und hacken.

3 Spargelwürfel mit Frühlingszwiebeln in eine Pfanne geben und in Olivenöl anschwitzen. Artischocken dazugeben und alles in ca. 2 Minuten gar dünsten. Mit Estragon, Salz, Pfeffer und Zitronensaft abschmecken.

4 Spargelspitzen kurz in kochendem Salzwasser garen, dann abtropfen lassen. Toastbrotscheiben rund ausstechen, in einer Pfanne in Butter von beiden Seiten goldbraun braten, leicht salzen und auf Küchenpapier abtropfen lassen.

5 Friséesalat putzen, waschen und trocken schütteln. Tatar mithilfe eines Ausstechringes auf den Buttercroûtons anrichten. Mit Spargelspitzen, Salat sowie mit einem Klecks Crème fraîche garnieren.

Gefüllte Putenschnitzel mit Basilikum

1 Die Putenschnitzel kurz kalt abspülen, gut trocken tupfen und zwischen 2 Lagen Klarsichtfolie vorsichtig flach klopfen. Mit Pfeffer würzen. Basilikum waschen, trocken schütteln und Blättchen abzupfen.

2 Jedes Putenschnitzel auf einer Seite mit etwas Pesto bestreichen, mit einer Schafskäsescheibe und einigen Basilikumblättchen belegen. Die Schnitzel zusammenfalten und mit Zahnstochern feststecken.

3 Rucola verlesen, dabei grobe Stielenden entfernen, waschen und trocken schleudern. Tomaten waschen, trocken tupfen und halbieren, Stielansätze entfernen. Gurke waschen, putzen und dann in dünne Scheiben schneiden.

4 Öl, Essig und Senf in einer Salatschüssel verrühren. Mit Salz und Pfeffer würzen. Palmin in einer Pfanne erhitzen und Schnitzel darin ca. 2 Minuten von jeder Seite braten. Mit dem Salat anrichten.

Für 4 Personen:
8 dünne Putenschnitzel
(à ca. 80 g)
Pfeffer aus der Mühle
1 Bd. Basilikum
4 EL Pesto (Glas)
8 dünne Scheiben Schafskäse
200 g Rucola
200 g Cocktailtomaten
1/2 Salatgurke
6 EL Pflanzenöl (z. B. von Biskin)
3 EL Weißweinessig
1 TL Senf
Salz
25 g Palmin

Zubereitungszeit:
30 Min.
Nährwerte pro Person:
690 kcal, 2.865 kJ, 49 g EW,
54 g F, 2 g KH

Mailänder Schnitzel

Für 4 Personen:
1 Zwiebel
1 Zweig Rosmarin
6 EL Olivenöl
400 g stückige Tomaten (Dose)
2 Eier
3 EL Paniermehl
3 EL Parmesan, gerieben
4 dünne Kalbsschnitzel
(à ca. 120 g)
Salz
Pfeffer aus der Mühle
1 Bd. Basilikum
1 EL Butter

Zubereitungszeit:
35 Min.
Garzeit:
10 Min.
Nährwerte pro Person:
374 kcal, 1.565 kJ, 31 g EW,
23 g F, 10 g KH

1 Zwiebel schälen und hacken. Rosmarin waschen und trocken schütteln. 2 EL Öl in einer Pfanne erhitzen und die Zwiebel darin anbraten. Tomaten und Rosmarin zugeben und alles zugedeckt bei schwacher Hitze ca. 10 Minuten leise köcheln lassen, dabei gelegentlich umrühren.

2 Eier in einem tiefen Teller verquirlen. Paniermehl mit Parmesan auf einem zweiten Teller vermengen. Schnitzel etwas flach klopfen, salzen und pfeffern. Fleisch zuerst durch das Ei ziehen und dann in der Paniermehlmischung wenden. Panade andrücken.

3 Restliches Öl in einer Pfanne erhitzen und Kalbsschnitzel darin bei mittlerer Hitze von beiden Seiten goldbraun braten. Zugedeckt warm halten.

4 Basilikum waschen, trocken schütteln, Blättchen abzupfen und klein schneiden. Rosmarin aus der Tomatenmasse nehmen und das Ganze mit Salz würzen. Butter und Basilikum untermengen, die Soße auf Tellern anrichten und Schnitzel darauflegen.

Lavendel-Lammragout mit Rosmarin und Thymian

Für 4 Personen:
1 kg Lammfleisch (Schulter)
4 Zwiebeln
1 Knoblauchzehe
4 EL Olivenöl
Salz
Pfeffer aus der Mühle
1 EL Rosmarin, gehackt
1 EL Thymian, gehackt
3 EL Tomatenmark
300 ml Rotwein
350 ml Lammfond
100 g Stangensellerie
300 g Steckrüben
3 Möhren
Lavendelblüten zum Bestreuen

Zubereitungszeit:
35 Min.
Garzeit:
40 Min.
Nährwerte pro Person:
670 kcal, 2.803 kJ, 81 g EW,
27 g F, 15 g KH

1 Lammfleisch trocken tupfen und in mundgerechte Würfel schneiden. Zwiebeln und Knoblauch schälen und fein würfeln.

2 Olivenöl in einem großen Topf erhitzen. Fleisch, Zwiebel und Knoblauchwürfel dazugeben und anbraten. Mit etwas Salz und Pfeffer würzen. Rosmarin und Thymian zum Fleisch geben und mit Tomatenmark unterrühren. Rotwein und Lammfond angießen und aufkochen. Hitze reduzieren und das Ganze zugedeckt 40 Minuten schmoren.

3 Sellerie, Steckrüben und Möhren putzen bzw. schälen. Sellerie und Möhren in 1/2 cm, Steckrüben in 1 cm große Würfel schneiden. Alles zum Fleisch geben und 20 Minuten garen.

4 Bei Bedarf noch etwas Flüssigkeit angießen. Am Ende der Garzeit das Lammragout mit Salz und Pfeffer abschmecken.

5 Kurz vor dem Servieren Lavendelblüten über das Essen streuen. Ragout sofort heiß servieren.

Hähnchenbällchen in Kräutersoße

Für 4 Personen:
Für die Hähnchenbällchen:
1 Bd. Petersilie
400 g Hähnchenbrustfilet
75 g Paniermehl
1 Ei, Salz
1 TL grüner Pfeffer
Pfeffer aus der Mühle
Pflanzenöl zum Ausbacken
Für die Kräutersoße:
4 EL Olivenöl, 5 EL Mehl
800 ml Milch (z. B. von
Weihenstephan)
1 TL gekörnte Gemüsebrühe
Salz, Pfeffer
1 EL scharfer Senf
je 1 Bd. Liebstöckel, Petersilie,
Dill

Zubereitungszeit:
30 Min.
Garzeit:
10 Min.
Nährwerte pro Person:
510 kcal, 2.134 kJ, 23 g EW,
27 g F, 45 g KH

1 Petersilie waschen, trocken schütteln und hacken, dabei die harten Stiele entfernen. Hähnchenbrustfilet kalt abspülen, trocken tupfen und würfeln. Paniermehl mit Ei, etwas Salz, Pfeffer und Petersilie mischen. Hähnchenwürfel hinzugeben und alles vermengen. Aus der Masse kleine Bällchen formen.

2 Etwas Öl in einer Pfanne erhitzen und die Bällchen darin portionsweise bei mittlerer Hitze goldbraun anbraten. Herausnehmen und auf Küchenpapier abtropfen lassen.

3 Für die Soße Olivenöl in einem flachen Topf erhitzen, Mehl zugeben, kurz quellen lassen und mit kalter Milch aufgießen. Unter ständigem Rühren aufkochen lassen und mit Gemüsebrühe, Salz, Pfeffer und Senf würzen. Anschließend die Soße ca. 10 Minuten bei schwacher Hitze köcheln lassen.

4 Die Kräuter waschen, trocken schütteln und hacken, dabei die harten Stiele entfernen. Unter die heiße Soße rühren. Hähnchenbällchen in der Kräutersoße servieren.

Chickenwings mit Kräuterdip und Mais

1 Hähnchenflügel kalt abwaschen und trocken tupfen. Mit Salz, Pfeffer und Paprikapulver einreiben. Öl in einer Pfanne erhitzen und die Hähnchenflügel darin bei starker Hitze rundherum goldbraun anbraten.

2 Ketchup mit Sojasoße verrühren und die Hähnchenflügel damit dünn bestreichen. Auf einen Grillrost legen und unter dem Grill in ca. 5 Minuten braun braten. Wenn Sie einen Backofen ohne Grillfunktion haben, können Sie die Hähnchenflügel in die oberste Schiene des auf 250 °C vorgeheizten Ofens schieben.

3 Für den Dip die saure Sahne mit Crème fraîche verrühren und mit Salz und Pfeffer abschmecken. Zuletzt die Kräuter unterrühren.

4 Mais in einem Sieb abtropfen lassen. Butter in einem Topf schmelzen und Mais darin kurz erwärmen. Mit Salz und Zucker abschmecken.

5 Chickenwings mit dem Kräuterdip und dem Mais warm servieren.

Für 4 Personen:
Für die Chickenwings:
16 Chickenwings
(Hähnchenflügel)
Salz, Pfeffer
1 EL Paprikapulver edelsüß
3 EL Pflanzenöl
3 EL Ketchup
1 EL Sojasoße
Für den Dip:
150 g saure Sahne
50 g Crème fraîche
Salz, Pfeffer
3 EL gemischte Kräuter
(z. B. Petersilie, Dill, Basilikum, frisch gehackt)
Für den Mais:
1 Dose Mais (285 g)
1 EL Butter
Salz, Zucker

Zubereitungszeit:
25 Min.
Nährwerte pro Person:
515 kcal, 2.155 kJ, 26 g EW,
40 g F, 15 g KH

Gänsepastete mit Thymian

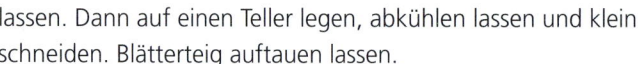

Für 4–6 Personen:
600 g Gänsebrustfilet
Pfeffer aus der Mühle
2 EL Butterschmalz
Salz
450 g TK-Blätterteig
1 Zwiebel, gewürfelt
300 g Champignons, in Scheiben
1 Stange Lauch, in Ringe
geschnitten
1 TL Paprikapulver edelsüß
1 TL gerebelter Thymian
1 Ei
125 g Crème fraîche
Mehl für die Arbeitsfläche
1 Eigelb

Zubereitungszeit:
50 Min.
Backzeit:
35 Min.
Nährwerte pro Person:
708 kcal, 2.962 kJ, 34 g EW,
52 g F, 34 g KH

1 Backofen auf 200 °C vorheizen. Filet abspülen, trocken tupfen, mit Pfeffer einreiben. 1 EL Schmalz in einer Pfanne erhitzen und das Fleisch darin anbraten, salzen.

2 Gänsebrust ca. 20 Minuten im Ofen schmoren lassen. Dann auf einen Teller legen, abkühlen lassen und klein schneiden. Blätterteig auftauen lassen.

3 1 EL Schmalz in einer Pfanne erhitzen, Pilze, Zwiebel und Lauch darin ca. 3 Minuten andünsten. Mit Salz, Pfeffer, Paprika und Thymian würzen, abkühlen lassen. Ei mit Crème fraîche verrühren und mit dem Fleisch zum Gemüse geben, alles vermischen.

4 2/3 des Blätterteigs aufeinanderlegen und auf einer bemehlten Arbeitsfläche in Größe der Pieform (26 cm Durchmesser) ausrollen. Form kalt ausspülen und damit auskleiden, dabei einen Rand formen. Füllung darauf verteilen.

5 Übrigen Blätterteig ausrollen, auf die Füllung legen. Teig an den Rändern zusammendrücken. In die Mitte des Deckels ein Loch schneiden. Eigelb verquirlen und Teig damit bestreichen. Die Pastete im Backofen in ca. 35 Minuten goldbraun backen.

Gebratene Ente mit Kräutern und Früchten

1 Backofen auf 200 °C vorheizen. Ente abspülen und trocken tupfen. Flügelspitzen abtrennen, hacken und beiseitestellen. Ente außen und innen mit Salz und Pfeffer einreiben. Mit den Kräutern vermischen. Ente mit der Apfel-Zwiebel-Mischung füllen, mit Spießchen feststecken und dressieren.

2 Ente mit der Brustseite nach unten in einen Bräter legen, 1/4 l Wasser angießen und im Ofen in ca. 2 Stunden goldbraun braten, dabei nach 1 Stunde Ente wenden. Diese mehrmals mit Bratenfond begießen.

3 Ente aus dem Bräter nehmen, Füllung entfernen und im Ofen bei 70 °C warm halten. Den Bratenfond gründlich entfetten. Butter in einem Topf zerlassen und die Flügelspitzen darin kräftig anbraten, mit dem Bratenfond ablöschen, die Füllung und den Geflügelfond zugeben und 20 Minuten köcheln lassen. Soße durch ein Sieb in einen zweiten Topf passieren, mit Salz und Pfeffer abschmecken und warm halten.

4 Ofengrill einschalten. Ente mit der Brust nach oben 5 Minuten grillen. Die Ente auf Wirsingblättern anrichten, Früchte und Kräuter rundherum arrangieren. Die Soße dazu reichen.

Für 4 Personen:

1 küchenfertige Ente (ca. 2,5 kg)
Salz, Pfeffer aus der Mühle
2 Zwiebeln, gewürfelt
1 großer Apfel, gewürfelt
1 TL gerebelter Majoran
2 EL Petersilie, frisch gehackt
1/2 EL Butter
1/2 l Geflügelfond (Glas)
1 Orange, in Spalten
je 2 kleine Limetten und Äpfel, in Spalten
2 frische Feigen, in Vierteln
1 Sternfrucht, in Scheiben
Wirsingblätter
4 Zweige Thymian

Zubereitungszeit:
30 Min.
Bratzeit:
2 Std.
Garzeit:
20 Min.
Nährwerte pro Person:
776 kcal, 3.259 kJ, 60 g EW,
57 g F, 6 g KH

Rinderfiletsteaks mit Mango-Estragon-Soße

Für 4 Personen:

1–2 EL eingelegter grüner Pfeffer (z.B. von Ostmann)
4 Rinderfiletsteaks (à ca. 180 g)
Salz
4 EL Speiseöl
1 große reife Mango
1 rote Zwiebel
1 Knoblauchzehe
1 TL geschnittene Estragonblätter
1 EL Zucker
1–2 EL Estragonessig
150 ml Rinder- oder Gemüsebrühe
Pfeffer
frischer Estragon zum Garnieren

Zubereitungszeit:
40 Min.
Garzeit:
30 Min.
Nährwerte pro Person:
368 kcal, 1.540 kJ, 39 g EW, 18 g F, 13 g KH

1 Backofen auf 80 °C vorheizen. Grüne Pfefferkörner fein hacken. Steaks trocken tupfen und mit Salz sowie gehacktem Pfeffer einreiben.

2 Fleisch in 2 EL Öl bei mittlerer Hitze 7–8 Minuten braten. Danach Steaks in eine Auflaufform geben. Im Ofen ca. 30 Minuten sanft garen; sie sollten innen rosa sein.

3 Mango schälen. Das Fruchtfleisch in ca. 5 mm dicken Spalten vom Stein schneiden. Zwiebel und Knoblauch abziehen. Zwiebel fein würfeln und Knoblauch zerdrücken.

4 Restliches Öl in einer Pfanne erhitzen. Zwiebel, Knoblauch und Estragonblätter dazugeben und ca. 5 Minuten dünsten. Den Zucker darüberstreuen, karamellisieren lassen und mit Essig ablöschen.

5 Mango in die Pfanne geben und untermischen. Brühe angießen, die Soße etwas einkochen lassen und mit Salz und Pfeffer abschmecken.

6 Rinderfilets mit der Soße auf Tellern anrichten. Nach Wunsch mit frischen Kräutern garniert servieren.

Kalbsfilet mit Kräuterkruste

1 Kalbsfilet parieren. Dann das dünne Ende des Filets ein wenig umklappen und mit einem Holzspieß feststecken, sodass ein durchgehend gleich dickes Filet entsteht.

2 Backofen mit einem Bräter auf 80 °C vorheizen. Butter erhitzen und Fleisch darin rundherum anbraten, mit Salz und Pfeffer würzen und mit Kardamom bestreuen. Kräuter abbrausen und trocken schütteln und ohne grobe Stielenden fein hacken.

3 Kalbsfilet mit Senf einstreichen. Fleisch mit den Kräutern panieren und in den Bräter legen. Im Ofen 2 1/2 Stunden sanft garen.

4 Pfifferlinge mit einem Pinsel säubern. Mit ein wenig Mehl bestäuben. Schalotten abziehen und fein hacken.

5 Etwas Butter in einer Pfanne erhitzen. Schalotten darin glasig dünsten, dann Pfifferlinge kräftig anbraten. Mit Weißwein ablöschen. Sahne angießen und die Soße ca. 10 Minuten sämig einköcheln lassen. Mit Salz und Pfeffer abschmecken.

6 Fleisch aus dem Ofen nehmen und kurz ruhen lassen. In Tranchen schneiden und mit Soße anrichten.

Für 4 Personen:
1 kg Kalbsfilet am Stück
Butter zum Braten
Salz
Pfeffer
1/2 TL Kardamom, gemahlen
1 Bd. Liebstöckel
1 Bd. glatte Petersilie
1 Bd. Kerbel
2 EL Dijonsenf
300 g Pfifferlinge
Mehl
2 Schalotten
200 ml Weißwein
200 g Sahne

Zubereitungszeit:
20 Min.
Garzeit:
2 1/2 Std.
Nährwerte pro Person:
606 kcal, 2.536 kJ, 55 g EW,
36 g F, 9 g KH

Rumpsteak mit Kräuterbutter

Für 4 Personen:

800 g Rumpsteak am Stück
Salz
Pfeffer aus der Mühle
3 EL Öl
800 g kleine neue Kartoffeln
1/2 Bd. Rosmarin
1 EL Paprikapulver edelsüß
1 EL Butter
Für die Kräuterbutter:
100 g Butter, zimmerwarm
2 EL Schnittlauch, gehackt
2 EL Petersilie, gehackt
1 Knoblauchzehe

Zubereitungszeit:
30 Min.
Garzeit:
70 Min.
Nährwerte pro Person:
665 kcal, 2.782 kJ, 50 g EW,
38 g F, 31 g KH

1 Backofen auf 100 °C vorheizen. Fleisch waschen und trocken tupfen. Salzen und pfeffern. 1 EL Öl in einer Pfanne erhitzen und Fleisch darin kräftig anbraten. Aus der Pfanne nehmen und auf dem Backofengitter mit einer Fettpfanne darunter in den Ofen schieben. Rumpsteak je nach Dicke ca. 70 Minuten rosa garen.

2 Kartoffeln schälen und in eine Auflaufform legen. Rosmarin waschen, trocken schütteln und Nadeln abzupfen. Über die Kartoffeln streuen und mit Salz und Paprika würzen.

3 Restliches Öl und Butter in Flocken über die Kartoffeln geben. Zum Fleisch in den Ofen geben und ca. 1 Stunde garen lassen. Zwischendurch wenden.

4 Für die Kräuterbutter Butter mit Kräutern vermengen. Knoblauch abziehen, dazupressen und unterrühren. Salzen und kalt stellen.

5 Fleisch aus dem Ofen nehmen und ca. 5 Minuten ruhen lassen. In Scheiben schneiden und anrichten. Mit Salz und Pfeffer würzen. Mit Rosmarinkartoffeln und Kräuterbutter reichen.

Kasseler mit grüner Soße

1 Backofen auf 100 °C vorheizen. Kasseler auf ein Backblech geben und in den Ofen schieben. Dort ca. 3 Stunden garen.

2 Petersilie abbrausen, trocken schütteln und Blättchen abzupfen. Zusammen mit dem Weißbrot im Mixer pürieren. Eigelbe, Kapern und Sardellen dazugeben und weiter pürieren.

3 Olivenöl in die Petersilienmischung eintropfen lassen und so lange rühren, bis die Soße eine mayonnaiseartige Konsistenz bekommt. Mit etwas Pfeffer abschmecken.

4 Kasseler aus dem Ofen nehmen und kurz ruhen lassen. Dann in dünne Scheiben schneiden und zusammen mit der grünen Soße anrichten. Mit Kapern und Sardellen garniert servieren

Für 6 Personen:
1,2 kg Kasseler aus dem Schweinerückenstrang (ohne Knochen)
1 Bd. Petersilie
80 g altbackenes Weißbrot, zerrieben
6 hart gekochte Eigelbe
2 EL Kapern
3 Sardellenfilets
5 EL Olivenöl
Pfeffer
Kapern und Sardellen zum Garnieren

Zubereitungszeit:
35 Min.
Garzeit:
3 Std.
Nährwerte pro Person:
533 kcal, 2.230 kJ, 35 g EW, 39 g F, 12 g KH

Fast Food
Kasseler ist durch das vorhergehende Pökeln und Räuchern schon leicht vorgegart, daher ist die Garzeit vergleichsweise kurz.

Saltimbocca mit Austernpilzen

Für 4 Personen:

250 g Austernpilze
4 dünne Kalbsschnitzel
Meersalz
schwarzer Pfeffer aus der
Mühle
frische Salbeiblätter
150 g Parmaschinken
2 EL Süßrahmbutter
2 EL Olivenöl (z. B. von
Alnatura)
1 TL Weizenmehl (Type 550)
50 ml trockener Weißwein

Zubereitungszeit:

25 Min.

Nährwerte pro Person:

290 kcal, 1.213 kJ, 35 g EW,
15 g F, 2 g KH

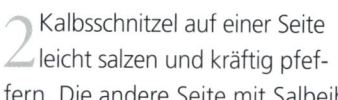

1 Austernpilze putzen, Kalbsschnitzel mit Küchenpapier abtupfen. Pilze leicht salzen und kräftig pfeffern. 1–2 Salbeiblätter und etwas Parmaschinken auf jedem Pilz mit einem Zahnstocher feststecken.

2 Kalbsschnitzel auf einer Seite leicht salzen und kräftig pfeffern. Die andere Seite mit Salbeiblättern und Parmaschinken belegen und das Ganze mit Zahnstochern feststecken.

3 Süßrahmbutter und Olivenöl in einer schweren Pfanne erhitzen und Pilze mit den Kalbsschnitzeln von beiden Seiten 3–4 Minuten anbraten. Aus der Pfanne nehmen und warm halten.

4 Den Pfannensatz mit Mehl bestäuben und mit Weißwein sowie etwas Wasser loskochen. Mit Meersalz sowie Pfeffer abschmecken und zu der Saltimbocca mit Austernpilzen servieren.

Italienische Beilage

Reichen Sie zu diesem Saltimbocca-Medley in Butter geschwenkte Gnocchi.

Zander mit Rosmarin und Möhren

1 Backofen auf 100 °C vorheizen. Die Hälfte der Butter schmelzen. Zanderfilets von Gräten befreien, salzen und pfeffern. Mit flüssiger Butter bepinseln.

2 Von 3 Rosmarinzweigen die Nadeln abstreifen und diese hacken. Über die Zanderhaut streuen und diesen mit der Haut nach oben auf ein Blech legen. Das Ganze für 25 Minuten in den Ofen schieben.

3 Übrigen Rosmarin die vierteln und beiseitelegen. Frühlingszwiebeln putzen, waschen und in dünne Ringe schneiden.

4 Möhren waschen, putzen, schälen und in Scheiben schneiden. Scheiben in einer Pfanne in der restlichen Butter anbraten. Frühlingszwiebeln dazugeben und das Ganze mit Salz und Pfeffer würzen.

5 50 ml Wasser in die Pfanne angießen. Möhren so lange köcheln lassen, bis das Wasser verdampft ist, dann vom Herd nehmen.

6 Zanderfilets aus dem Ofen nehmen und auf 4 Teller verteilen. Möhren mit Rosmarin anrichten. Zander sofort servieren.

Für 4 Personen:
40 g Butter
4 Zanderfilets (à 140 g)
Salz
Pfeffer
4 Zweige Rosmarin
1 Bd. Frühlingszwiebeln
400 g Möhren

Zubereitungszeit:
25 Min.
Garzeit:
25 Min.
Nährwerte pro Person:
228 kcal, 954 kJ, 28 g EW, 10 g F, 6 g KH

Lachsfilet mit Petersilien-Kapern-Pesto

Für 4 Personen:
4 Lachsfilets (à ca. 150 g)
Salz
Pfeffer aus der Mühle
30 g Butter
1 Bd. Petersilie
150 g Pistazien
4 EL Kapern
100 ml Olivenöl

Zubereitungszeit:
30 Min.
Garzeit:
25 Min.
Nährwerte pro Person:
749 kcal, 3.134 kJ, 37 g EW,
62 g F, 13 g KH

1 Den Backofen auf 100 °C vorheizen. Die Fischfilets mit Salz und frisch gemahlenem Pfeffer würzen. Sehr kurz in der heißen Butter rundherum anbraten.

2 Lachsfilets auf ein Blech oder in eine Auflaufform geben. In den Ofen schieben und 25 Minuten garen.

3 Petersilie waschen und trocken schütteln. Pistazien und Kapern hacken.

4 Petersilie in einen Mixer geben und mit dem Olivenöl fein pürieren. Pistazien und die Hälfte der Kapern dazugeben und nochmals pürieren.

5 Übrige Kapern zum Pesto geben und unterrühren. Dann das Ganze in eine Schüssel umfüllen und mit Salz sowie frisch gemahlenem Pfeffer abschmecken.

6 Lachs aus dem Ofen nehmen und kurz ruhen lassen. Fisch mit dem Petersilien-Kapern-Pesto auf 4 Tellern anrichten.

Dorade mit Petersilien-Couscous

1 Backofen auf 100 °C mit einem Blech vorheizen. Doraden waschen und trocken tupfen. Fische innen wie außen salzen und pfeffern.

2 Petersilie waschen und trocken schütteln, dann ohne grobe Stielenden hacken. Knoblauchzehen schälen und sehr fein würfeln. Die Hälfte der Petersilie mit dem Knoblauch mischen und Fisch damit füllen.

3 In einer Pfanne Olivenöl erhitzen. Fische darin von beiden Seiten kräftig anbraten. Doraden auf das Blech legen und im Ofen 45 Minuten garen.

4 Couscous in eine Schüssel geben und in Wasser einweichen; nach 20 Minuten abgießen.

5 Butter in einem Topf zerlassen und Couscous darin sanft anbraten. Mit einem Schuss Hühnerbrühe ablöschen.

6 Zitronen heiß waschen, trocken reiben und in Spalten schneiden. Restliche Petersilie unter den Couscous mischen. Mit Salz und Pfeffer abschmecken.

7 Doraden aus dem Ofen nehmen. Auf 4 Tellern mit dem Couscous und Zitronenspalten anrichten und sofort heiß servieren.

Für 4 Personen:
4 küchenfertige Doraden
(à ca. 400 g)
Salz
Pfeffer
2 Bd. glatte Petersilie
4 Knoblauchzehen
Olivenöl zum Braten
350 g Couscous
40 g Butter
100 ml Hühnerbrühe
2 unbehandelte Zitronen

Zubereitungszeit:
30 Min.
Garzeit:
45 Min.
Nährwerte pro Person:
778 kcal, 3.255 kJ, 85 g EW,
17 g F, 69 g KH

Thunfischsteak mit Kräuterkruste

Für 4 Personen:
4 Thunfischsteaks
Salz
Pfeffer
Olivenöl
1 Eigelb
1 EL Essig
8 EL Sonnenblumenöl
1/2 Dose Thunfisch in Öl
6 Scheiben Toastbrot
1/2 Bd. glatte Petersilie
1/2 Bd. Liebstöckel

Zubereitungszeit:
30 Min.
Garzeit:
30 Min.
Nährwerte pro Person:
728 kcal, 3.046 kJ, 42 g EW,
54 g F, 20 g KH

1 Thunfischsteaks rundum salzen und pfeffern. Dann ganz kurz von beiden Seiten in heißem Olivenöl anbraten. Aus der Pfanne nehmen und auf ein Backblech legen. Das Ganze in den Ofen schieben und ca. 25 Minuten garen.

2 Eigelb und Essig glatt rühren. Nach und nach das Sonnenblumenöl unterschlagen, bis Mayonnaise entsteht. Abgetropften Thunfisch zugeben und in der Mayonnaise pürieren.

3 Die Rinde vom Toastbrot entfernen. Petersilie sowie Liebstöckel abbrausen und trocken schütteln. Zusammen mit dem Brot im Mixer pürieren. Die Brotmasse salzen und pfeffern. Dann mit 3 EL Olivenöl beträufeln.

4 Kräutermasse für die letzten 15 Minuten auf den Steaks verteilen. Nach Ende der Garzeit die Steaks nach Möglichkeit noch 5 Minuten unter den heißen Grill stellen, damit die Brotmasse leicht bräunen kann. Thunfischsteaks mit der Fisch-Mayonnaise servieren.

Kräuterravioli
mit Jakobsmuscheln

1 Kerbel waschen, trocken schütteln und Blätter abzupfen. Eier mit 1/2 TL Salz, 3 EL Olivenöl sowie dem Kerbel pürieren. 300 g Mehl zugeben und das Ganze zu einem glatten Teig verkneten. In Klarsichtfolie wickeln, 30 Minuten kalt stellen.

2 Spargel waschen, schälen und die holzigen Enden entfernen. Schalen und Enden mit 1/4 l Schaumwein, 1/4 l kaltem Wasser, 1 Prise Salz sowie etwas Zucker aufkochen. 10 Minuten ziehen lassen, dann durch ein Sieb streichen. Sud auffangen.

3 Spargelstangen in ca. 3 cm lange Stücke schneiden, im Sud ca. 18 Minuten garen, abschöpfen und in 100 ml Spargelsud warm halten. Nudelteig dünn ausrollen und in 20 Quadrate von je 10 cm Seitenlänge schneiden.

4 1/2 EL Butter mit restlichem Mehl verkneten, mit Sahne und restlichem Spargelfond verrühren. Soße aufkochen und 10 Minuten köcheln lassen. Muscheln waschen, trocken tupfen und im restlichen Öl ca. 2 Minuten anbraten. Salzen und beiseitestellen. Nudelplatten in kochendem Salzwasser ca. 2 Minuten garen.

5 Restliche Butter in Flöckchen sowie restlichen Schaumwein unter die Soße rühren, mit Salz und Zucker abschmecken und die Spargelstücke darin erwärmen. Ravioli abgießen, abtropfen lassen und mit dem Spargelragout auf Teller verteilen. Mit Muscheln anrichten und servieren.

Für 4 Personen:
1 Bd. Kerbel
3 Eier, Salz
4 EL Olivenöl, 310 g Mehl
500 g weißer Spargel
300 ml Schaumwein
Zucker, 1 1/2 EL Butter
100 g Sahne
8 Jakobsmuscheln ohne Schale

Zubereitungszeit:
45 Min.
Kühlzeit:
30 Min.
Garzeit:
ca. 30 Min.
Nährwerte pro Person:
627 kcal, 2.623 kJ, 21 g EW,
26 g F, 65 g KH

Bandnudeln mit Lachs-Dill-Soße

Für 4 Personen:
1 Schalotte
1 Knoblauchzehe
400 g Lachsfilet
2 EL Olivenöl
1 geh. TL Weizenmehl
(Type 550)
100 ml Gemüsebrühe (z. B. von
Alnatura)
100 ml trockener Weißwein
200 g Sahne
500 g grüne Bandnudeln
Meersalz
1 Bd. Dill
schwarzer Pfeffer
1–2 EL Zitronensaft
Rohrohrzucker

Zubereitungszeit:
30 Min.
Nährwerte pro Person:
392 kcal, 1.640 kJ, 21 g EW,
29 g F, 8 g KH

1 Schalotte schälen und putzen, dann halbieren. Knoblauch abziehen und mit Schalotte würfeln. Filets mit kaltem Wasser abspülen, trocken tupfen und in ca. 2 cm große Würfel schneiden.

2 Olivenöl in einer Pfanne erhitzen. Schalotten- und Knoblauchwürfel hineingeben und anbraten. Fisch zugeben und vorsichtig mitbraten. Von allen Seiten bräunen lassen. Danach alles aus der Pfanne nehmen.

3 Mehl über den Bratensatz stäuben und unterrühren. Mit Gemüsebrühe und Wein ablöschen. Unter Rühren aufkochen lassen. Dann Pfanne vom Herd nehmen. Sahne unter Rühren zugießen. Soße wieder erwärmen, aber nicht kochen lassen.

4 Die Bandnudeln in Salzwasser bissfest garen. Dill mit kaltem Wasser abbrausen, trocken schütteln und ohne grobe Stielenden hacken. Zur Soße geben und diese mit Salz, Pfeffer, Zitronensaft und Zucker abschmecken.

5 Lachs und Zwiebeln wieder in die Soße geben. Im Sud ziehen lassen, bis der Fisch warm ist. Soße heiß servieren.

Kräuterdrink

1 Dickmilch mit dem Mineralwasser in einen hohen Rührbecher geben und vermischen. Mit einem Schneebesen kräftig durchmischen.

2 Kräuter abbrausen und trocken schütteln. Ohne grobe Stielenden so fein wie möglich schneiden. Mit dem Zitronensaft unter die Dickmilch mischen.

3 Den Drink mit Salz und Pfeffer abschmecken. Dann auf 2 Gläser verteilen.

Für 2 Personen:
300 g fettarme Dickmilch
1/8 l Mineralwasser
1 Bd. gemischte Kräuter
(Petersilie, Dill, Garten- oder Brunnenkresse, Borretsch, Zitronenmelisse)
2 TL Zitronensaft
Salz
weißer Pfeffer

Zubereitungszeit:
5 Min.
Nährwerte pro Drink:
80 kcal, 268 kJ, 7 g EW, 0,4 g F, 10 g KH

Scharfe Variante

Ein wenig gesunde Schärfe erhalten Sie, wenn Sie ein 1 cm großes Stück Ingwer hacken und in den Drink einrühren.

Feine Kräutersoße

Für 4 Personen:

200 g Joghurt

2 EL Frischkäse

1 TL mittelscharfer Senf

2 EL Zitronensaft

3 EL gemischte Kräuter, gehackt

Salz

Zitronenpfeffer

1 TL Zucker

100 g Sahne

frische Kräuterblätter zum
Garnieren

Zubereitungszeit:

15 Min.

Nährwerte pro Person:

117 kcal, 704 kJ, 5 g EW, 11 g F,
14 g KH

1 Joghurt, Frischkäse und mittelscharfen Senf in einer Schüssel glatt rühren.

2 Zitronensaft und gehackte Kräuter zugeben und untermengen. Soße mit Salz, Zitronenpfeffer und Zucker würzen.

3 Sahne mit dem Handrührgerät steif schlagen. Vorsichtig unter die Kräutersoße heben. Nach Wunsch mit frischen Kräuterblättern garnieren.

Kräuterfrische

Die Soße schmeckt zu Pell- oder Ofenkartoffeln, Geflügel oder auch zu Fleisch.

Dip mit Koriander und Knoblauch

1 Knoblauch abziehen und durch eine Presse drücken. Koriandersamen im Mörser mahlen.

2 Minze abbrausen und trocken schütteln. Ohne grobe Stielenden fein schneiden.

3 In einer Schüssel Zutaten verrühren. Dip mit etwas Pfeffer und Salz abschmecken.

SOS-Hilfe
Diese Soße eignet sich gut zum „Feuerlöschen" bei scharfen asiatischen Gerichten.

Für 4 Personen:
1 Knoblauchzehe
1 TL Koriandersamen
2 Stängel Minze
200 ml Joghurtalternative
Bio-Natur (z. B. von Alpro soya)
Pfeffer
Salz

Zubereitungszeit:
20 Min.
Nährwerte pro Person:
116 kcal, 485 kJ, 9 g EW, 5 g F, 6 g KH

Pestodressing

Für 4 Personen:
4 Stängel Basilikum
1 Knoblauchzehe
10 g Parmesan
2 EL Pinienkerne
6 EL Olivenöl
80 ml Gemüsebrühe
2 EL weißer Balsamico-Essig
1–2 EL Zitronensaft
Salz
1 Prise Zucker

Zubereitungszeit:
10 Min.
Nährwerte pro Person:
168 kcal, 703 kJ, 2 g EW, 17 g F,
2 g KH

1 Das Basilikum mit kaltem Wasser abbrausen, trocken schütteln und die Blättchen abzupfen. Knoblauchzehe abziehen. Den Parmesan fein reiben.

2 Basilikumblättchen, Knoblauch, geriebenen Parmesan und Pinienkerne in einen Mixer geben. Das Ganze mit dem Olivenöl fein pürieren.

3 Gemüsebrühe und den Balsamico-Essig unterrühren. Pestodressing mit Zitronensaft, Salz und Zucker abschmecken.

Köstliche Ergänzung
Dieses Pestodressing passt hervorragend zu feinem Antipastigemüse, Nudel-, Gemüse- oder Bohnensalat sowie zu kräftigen Blattsalaten wie Rucola oder Radicchio.

Joghurtdressing

1 Schnittlauch mit kaltem Wasser abbrausen und trocken tupfen oder schütteln. Bei Bedarf welke Teile entfernen und den Rest in dünne Röllchen schneiden.

2 Zitronensaft mit Senf vermengen und zusammen mit dem Joghurt glatt rühren. Die Salatsoße mit Salz und frisch gemahlenem Pfeffer abschmecken.

3 Zum Schluss Pflanzenöl dazugeben und mit einem Schneebesen kräftig unterschlagen. Kurz durchziehen lassen.

4 Kurz vor dem Servieren oder Anrichten die fein geschnittenen Schnittlauchröllchen unter das Dressing rühren.

Für 4 Personen:
1 Bd. Schnittlauch
Saft von 1 Zitrone
1 TL Senf
200 g Joghurt
Salz
Pfeffer aus der Mühle
50 ml Pflanzenöl

Zubereitungszeit:
10 Min.
Nährwerte pro Person:
159 kcal, 665 kJ, 2 g EW, 14 g F, 5 g KH

Cremige Zucchinisoße

Für 4 Personen:

400 g Zucchini

2 Knoblauchzehen

3 EL Olivenöl

Salz

Pfeffer aus der Mühle

1 TL getrockneter Thymian

1/2 TL getrockneter Rosmarin

5 Stängel Dill

100 g Schlagsahne

100 g Frischkäse

200 g saure Sahne

Zubereitungszeit:

15 Min.

Garzeit:

15 Min.

Nährwerte pro Person:

265 kcal, 1.109 kJ, 9 g EW, 23 g F, 7 g KH

1 Zucchini bei Bedarf putzen, die Enden abschneiden. Zucchini mit kaltem Wasser waschen, trocken reiben und in nicht zu dünne Scheiben schneiden. Knoblauch schälen und fein hacken.

2 Olivenöl in einen ausreichend großen Topf geben und erhitzen. Die Zucchini mit Knoblauch dazugeben und unter Rühren andünsten. Mit Salz, frisch gemahlenem Pfeffer, Thymian und Rosmarin würzen.

3 Deckel auflegen und Zucchini bei schwacher Hitze 5 Minuten garen. Dabei ab und zu umrühren.

4 Dill unter fließendem kaltem Wasser abbrausen und trocken schütteln. Dillspitzen abzupfen und fein hacken. Die Schlagsahne mit Frischkäse, saurer Sahne sowie Dillspitzen in eine Schüssel geben und vermengen.

5 Käsemischung zu den Zucchini geben. Das Ganze gut verrühren und ca. 10 Minuten leicht köcheln lassen. Sobald die Soße sämig ist, nochmals abschmecken und heiß servieren.

Grünes Pesto

1 Pinienkerne in einer Pfanne ohne Fett unter Rühren rösten, bis sie duften. Pfanne vom Herd nehmen.

2 Basilikum waschen, trocken schütteln und die Blättchen abzupfen. Knoblauch schälen und klein schneiden. Mit Basilikumblättchen, Pinienkernen und 1 Prise Salz im Mixer pürieren oder im Mörser zerstoßen.

3 Basilikummischung in eine Schüssel umfüllen. Olivenöl und Parmesan portionsweise unterrühren, bis das Pesto eine cremige Konsistenz erhält. Mit Salz abschmecken.

Für 4 Personen:
2 EL Pinienkerne
1 großes Bd. Basilikum
3 Knoblauchzehen
Salz
125 ml Olivenöl
50 g Parmesan, frisch gerieben

Zubereitungszeit:
15 Min.
Nährwerte pro Person:
383 kcal, 1.602 kJ, 7 g EW, 39 g F, 3 g KH

Schnelles Essen

Dieses Pesto ist eine ideale Ergänzung zu Nudeln jeglicher Art. Es muss nur kurz aufgewärmt werden. Pesto ist einige Monate haltbar, vorausgesetzt, es wird im Kühlschrank gut mit Öl bedeckt aufbewahrt.

Rosmarinöl

Für 1 Flasche à ca. 300 ml:
2 Zweige Rosmarin
300 ml Olivenöl

Zubereitungszeit:
10 Min.
Ziehzeit:
4 Tage
Nährwerte pro 100 ml:
882 kcal, 3.690 kJ, 0 g EW,
100 g F, 0 g KH

1 Eine Flasche gründlich mit heißem Wasser und Spülmittel reinigen. Anschließend vollständig trocknen lassen.

2 Rosmarin kalt abbrausen und gründlich trocken tupfen. Zweige halbieren und in die vorbereitete Flasche stecken. Mit Olivenöl auffüllen.

3 Flasche fest verschließen. An einem trockenen und dunklen Ort 3–4 Tage ziehen lassen, dann hat das Öl das Rosmarinaroma angenommen.

Essigsaure Ergänzung

Das Kräuteröl lässt sich natürlich noch ideal mit einem Kräuteressig ergänzen. Hierfür einfach einen hochwertigen Weinessig mit Kräutern nach Wahl ansetzen und zwei bis drei Wochen ziehen lassen. Danach die Kräuter abseihen.

Sachregister

Rezeptregister

Bildnachweis

Wir bedanken uns bei allen Bildlieferanten, die uns durch die Bereitstellung von Abbildungen freundlicherweise unterstützt haben.

Alnatura: 68, 80, 86; Alpro Soya: 59, 64, 65, 89; Biskin: 69; Fotolia.com: Christian Jung 3 o., 31; Springfield Gallery 3 u., 32; Hero 4; petrabarz 5; Harald Lange 7; kai-creativ 10, 11; teressa 13; kaspar-art 17; Alexander Bärenstein 19; eagle84 21; Swetlana Wall 23; Mirko Meier 25; Christian Pedant 26; Catherine Murray 27; Team 5 30; Birgit Kutzera 33 l.; miket 36; unpict 38; Axel Gutjahr 40; brigg 44 l.; phototom 44 r.; siamimages 48; iStockphoto.com: kkgas 14; LisaInGlasses 24; kzenon 49; Kikkoman Trading Europe GmbH: 51; Lactalis Deutschland GmbH: 50; Livio: 60; Molkerei Weihenstephan: 72; Newedel/Bassermann: 57; Ostmann: 55, 76; Photocuisine: 77, 79, 81, 82, 83, 84, 94; Pixelio.de: Kladu 9; pixelbiene 33 r.; kidcat 34 r.; wrw 35; Bolliger Hanspeter 37; Joujou 47; Rainer Sturm 39; Sigrid Roßmann 41, 45; Maya Dumat 42; bobby46 43; chocolat01 46; Plewinski/Südwest Verlag: 87; Rama: 52, 66; StockFood: 53, 54, 56, 58, 61, 62, 63, 67, 70, 71, 73, 74, 75, 78, 85, 90, 91, 92, 93; The Food Professionals Köhnen GmbH: 88